영상으로 보는 북한의 일상

People and Life of North Korea

이 책은 2009년 정부(교육과학기술부)의 재원으로
한국연구재단의 지원을 받아 수행된 연구임(NRF-2009-361-A00008)

■ 전영선 지음

건국대학교 통일인문학연구단 HK연구교수, 콘텐츠개발팀장. 한양대학교에서 국어국문학을 전공하고, 동 대학원에서 문학박사학위를 받았다. 『북한의 정치와 문학: 자율과 통제사이의 줄타기』, 『북한의 언어: 소통과 불통 사이의 남북언어』, 『코리언의 생활문화』, 『북한 문학예술의 장르론적 이해』, 『문화로 읽는 북한』, 『북한의 대중문화』, 『북한 민족문화정책의 이론과 현장』 등의 저서가 있다. 겨레말큰사전 남북공동편찬위원회 이사, 통일부 자문위원, 북한연구학회 사회문화분과위원장, 민화협 정책위원, 통일준비위원회 전문위원(사회문화 분야)으로 활동하고 있다.

■ 건국대학교 통일인문학연구단 기획

건국대학교 통일인문학연구단은 통일문제에 대한 인문학적 성찰과 지혜를 모으고자 '소통·치유·통합의 통일인문학'을 아젠다로 출범한 통일인문학 연구기관이다. 2009년 한국연구재단의 인문한국(HK)지원사업에 선정되면서 연구체계를 본격화하였다. 연구성과를 축적하면서, 통일인문학 관련 학술연구사업, 연구기반사업, 대외사업을 수행하고 있다.

■ 통일인문학 기획도서

통일인문학 기획도서는 건국대학교 통일인문학연구단에서 남북의 문화적 소통과 통일에 대한 이해의 공감대를 넓히고자 기획하였다. 북한의 언어로부터 북한의 생활문화, 북한의 민속 등에 이르기까지 남북 문화의 소통과 통합을 위한 생활문화시리즈로 출판될 예정이다.

영상으로 보는 북한의 일상

People and Life of North Korea

© 전영선, 2015

1판 1쇄 인쇄__2015년 05월 05일
1판 1쇄 발행__2015년 05월 15일

지은이__전영선
펴낸이__양정섭
펴낸곳__도서출판 경진
　　　　등록__제2010-000004호
　　　　블로그__http://kyungjinmunhwa.tistory.com
　　　　이메일__mykorea01@naver.com

공급처__(주)글로벌콘텐츠출판그룹
　　　　대표__홍정표
　　　　편집__김현열 송은주 **디자인**__김미미 **기획·마케팅**__노경민 **경영지원**__안선영
　　　　주소__서울특별시 강동구 천호로 196 정일빌딩 401호
　　　　전화__02) 488-3280 **팩스**__02) 488-3281
　　　　홈페이지__http://www.gcbook.co.kr

값 11,000원
ISBN 978-89-5996-460-4 03300

People and Life of North Korea

영상으로 보는
북한의 일상

전영선 지음 건국대학교 통일인문학연구단 기획

경진출판

영상으로 보는 북한 사회의 표면과 이면

북한 주민의 일상은 어떨까?

이 책을 기획한 의도는 북한 주민의 일상을 북한 문화로 살펴보는 데 있다. 통일을 이야기하고, 문화통합을 이야기할 때 핵심은 통일된 한반도에서 살아가야 할 사람들의 일상이 되어야 한다고 생각한다. 통일은 일상적 삶이 온전히 새로운 환경에 놓여진다는 것을 의미한다. '통일'은 남북 주민의 일상에 상당한 변화를 가져오게 될 것이 분명하다. 마땅히 새로운 환경에 적응하기 위한 준비가 필요하다. '통일이라는 새로운 환경에서 살아가야 할 삶이 어떤 것인지'가 상상되어야 한다.

통일 미래에 대한 상상은 현실적이어야 한다. 통일이 된다고 선진국이 되고, 자원분배가 효율적으로 이루어지고, 사회 갈등이 해소되는 사회가 저절로 만들어지는 것이 아니다. 통일을 어떻게 설계하고, 어떤 과정을 거쳐야 할지를 준비해야 한다. 준비 없는 통일은 노력 없이 성공을 바라는 것과 같다. 통일이 된다고 모든 문제가 해결되지는 않는다.

남북의 문화 차이는 생각보다 크다. 북한이탈주민을 통해 남북의 문화 차이가 어떤 결과로 나타나는지를 진단할 수 있다. 북한이탈주민에게 남한 문화는 적응해야 할 새로운 과제가 되고 있다. 남한 사회에 정착한 지 수년이 되어도 남한에서의 삶을 여전히 낯설어하는 북한이탈주민이 적지 않다. 통일이 되면 남북 주민 모두가 겪게 될 일이다.

'무엇이 그렇게 달라졌을까' 싶지만 남북의 문화 차이는 생각보다 크고, 현실적이다. 남북의 언어가 다르고, 언어에 포함된 의미가 다르다. 언어가 달라지면 언어의 의미도 다르고, 언어가 일상에 미치는 영향이 다르다. 언어에 포함된 가치관, 세계관이 다르기 때문에 의미가 소통되지 않는다. 언어는 단순하게 소통의 도구로만 쓰이지 않는다. 언어에는 감성과 의미가 복합적으로 작용하여 만들어진 결과물이기 때문이다. '잘한다'는 의미는 단순하게 '일을 잘한다'는 뜻으로만 사용되지 않는다. 어떻게 말하느냐에 따라서 16가지 의미를 갖는다. '찬밥'은 '밥이 차가운 상태'를 의미하지 않는다. '애국', '민족', '조국'이라는 말을 들으면 우리 몸은 뜨겁게 반응한다. 그 속에 담긴 문화적 맥락을 이해하기 때문이다. 언어는 생활 속에서 태어나 생활과 함께 성장하며, 문화적으로 해독된다. 남북 주민의 가치관·세계관·미학관이 다르기 때문에 그것을 표현하는 언어가 달라진 것이다. 같은 말을 사용한다고 해서, 내용도 의미도 같다는 것이 아니다.

가치관의 차이는 일상의 차이로 이어진다. 통일을 이야기하면서 통일의 의미로 보편적 가치를 언급한다. 인류가 축적한 보편적 가치가 통일의 기준이 되는 것은 당연한 일이다. '평화', '인권', '민주', '자유', '평등' 등의 가치가 통일의 기준이 되어야 마땅하다. 하지만 남북 사이에는 '보편적 가치', '보편적 인식'이 무엇인지에 대해서는 해석에서 차이가 있다. '평등'을 예로 들어 보자. 남한에서 '평등'은 기회의 균등을 먼저 생각한다. 균형적이고 절대적인 평등을 의미하지 않는다. 기회를 고르게 부여하고, 상대적으로 어려운 사람이 불편함을 느끼지 못하도록 배려하는 것이다. 하지만 북한에서는 절대적 평등, 균등적 평등에 익숙하다. 집단주의적 가치가 우선하기 때문에 무엇이든 '같아야 한다'는 생각이 앞선다. 같은 말이지만 남북이 해석하는 것이 다르다. 개념이 다르기 때문이다. 문화는 개념의 구체적인 산물, 구체적인 행동 양식이기 때문에 문화에는 그 사회의 특성이 반영되는 것이다.

이 책에서는 북한 영상자료를 통해 북한 주민의 일상을

살피고자 하였다. 북한 주민의 구체적인 일상을 살피고자
한 것은 북한 내부를 통해 일상의 문화가 어떻게 작동하
고 있는지를 살피기 위해서이다. 일상을 살피기 위해서 북
한의 영상자료를 대상으로 하였다. 특히 단편시리즈물을
주요 텍스트로 하였다. 단편시리즈는 생활의 문제들을 교
양하기 위해 제작한 방송물이다. 작은 형식에 일상 속에서
일어나는 내용을 기동력 있게 제작할 수 있는 장점이 있
어서 교양수단으로 자주 활용된다.

한편으로 '북한에서 나온 영상물이 얼마나 북한 주민의
삶을 보여줄 수 있을까?'라는 의문이 떠나지 않았다. 북한
문화의 관제(官製)적인 성격 때문이었다. 단편시리즈물에
는 북한 문화의 기층적 성격이 반영되어 있다. 장군님의
은덕을 찬양하고, 최고지도자를 회상하면서 감격스러워하
는 장면이 등장한다. 문화적인 맥락으로 보면 '클리세
(clihe)'이다.

결론부터 말하자면 생각보다 많은 부분을 읽어낼 수 있
었다. 북한의 영상물은 북한 주민의 일상을 개선하여, 인민
의 생활을 당의 정책대로 끌어내고자 기획된 것이다. 기획
의 의도를 살리기 위해서는 어쩔 수 없이 일상을 드러내야
한다. 북한 주민의 교양하고자 일상을 포착하는 지점에서
북한 주민의 일상적 현실이 드러난다. 현실을 충실히 다루

어야 하기 때문에 북한 주민의 일상이 드러나는 것이다.

2015년으로 광복 70년이 되었다. 광복 70년이 지난 시점에서도 통일은 여전히 진행 중이다. '통일'에 대한 다양한 담론이 오고 가고, 문화통합에 대한 논의도 활발해지고 있다. 하지만 문화에 대한 논의는 여전히 제한적이다. 이제는 고민의 담론을 좀 더 현실적이고 실질적인 차원으로 끌어안아야 할 때가 되었다. 남북의 문화 차이를 이해하자는 주장에서, '이제는 무엇이 달라졌으며, 달라진 남북 문화 차이를 어떻게 이해할 것인지'에 대한 논의로 나아가야 한다. 당위성에서 구체성으로 논의가 전환되어야 한다. 이 책을 통해 북한 주민의 일상을 살펴보는 계기가 되기를 기대한다.

북한 주민의 일상을 이해하는 데 큰 도움이 될 수 있을 것이라 생각되었기에 경험을 나누고자 책으로 출판하게 되었다. 출판의 기회를 주시고, 편집의 번거로움을 마다 않으신 도서출판 경진의 편집원과 양정섭 대표께 진심으로 감사드린다.

2015년 봄
전영선

목 차

계획경제의 이론과 실제

: 〈월초병〉, 〈14번 나사〉

〈월초병〉은 생산중심주의적인 경제방식의 폐단을 보여주는 영화이다. 월별 생산계획에 따라 그달 생산량만 맞추면 되기 때문에 생기는 여러 가지 병폐 현상을 지적한다. 공장과 기업소에서 월별 생산량을 급하게 맞추면서 불량률도 높아지고, 제품의 질이 떨어지게 된다. 또한 월말에 집중적으로 작업이 이루어지면서 사람은 물론 기계설비도 무리가 가게 된다. 국가적으로 보면 자원을 낭비하는 결과를 초래한다. 이러한 현상은 사회주의 건설 초기부터 강력하게 주장했던 자원의 효율적 활용과는 상반되는 일이므로 이를 예방하고자 만든 영화이다.

오늘의 할 일 내일로 미루지 말자: 〈월초병〉

'월초병'이란 월초에는 일하지 않고 노는 병폐를 말한다. 공장, 기업소에서는 계획을 일별로, 순별로 수행하지 않고 월말에 가서 밀렸던 일을 몰아서 한꺼번에 '돌격대식'으로 수행하고, 월초에는 정상적으로 운영하지 않은 폐단을 말한다. 〈월초병〉은 이런 병폐, 즉 '오늘 할 일을 내일로 미루지 말고 계획대로 일을 하자'는 것을 주제로 한 영상물이다. 조선예술영화촬영소에서 1979년에 제작한 영화로 러닝타임은 23분이다. 조선예술영화촬영소에서 제작하였지만 영화로 보기에는 러닝타임도 짧고, 내용도 단순하다. 2009년 1월에도 방영되었다.

바쁘게 공장으로 가는 자전거 바퀴 사이로 달력이 하루하루 빠르게 지나간다. 월말이 되자 전동기 공장에서는 월

별 생산량을 맞추기 위한 돌격대 작업이 시작된다. 직장장은 모든 행사를 다음 달 초(月初)로 미루고 생산량을 맞추기 위한 작업에만 전념한다. 공장의 모든 사람들이 며칠 밤을 세워가면서 생산에 매달린다. 밤 세워 일한 덕분에 이번 달에도 월별 계획을 달성한다. 월별 생산량을 달성하고 축하의 꽃다발이 주어진다.

월말이 무사히 지나고 월초가 되었다. 하지만 월초에는 공장이 제대로 돌아갈 수 없었다. 월말에 생산량을 맞추느라 무리했기 때문에 공정하게 작업을 할 수 없었다. 월말에 밀어두었던 노동신문 독보회도 하고, 문화소조 활동도 하고, 위생사업도 해야 했다. 월말에 밀렸던 문화사업을 하느라 생산노동은 미루어 졌다.

공장원들은 '이러다가 또 월말에 밤을 새면서 작업해야 하는게 아닌가' 하면서 걱정하였다. 하지만 직장장은 '월초에는 조금 쉬면서 일하는 게 좋겠다'면서, 월초 계획을

미루었다. 생산 현장을 담당한 작업반 반장은 걱정이 태산이었다. 생산 설비를 보수하기 위한 부속품들을 월말에 모두 앞당겨서 썼기 때문에 이번 달에 써야 할 부속품이 모자랐다. 직장장에게 대책을 세워야 한다고 보고하였다. 하지만 직장장은 태평이었다. "그럼 월말 즈음 창고에서 부속품을 내어줄 때까지 그간 미뤄두었던 위생 문화 사업, 예술소조 일 등을 처리하자"면서 여유를 부린다.

한편 전동기 공장에는 노총각 박 동무가 있었다. 결혼을 약속한 애인이 있었지만 직장일 때문에 결혼을 미루고 있었다. 월말에 미루어 두었던 휴가를 받고는 결혼식을 올리려 철산 농기구 공장에서 일하는 애인 영숙을 찾아갔다. 영숙은 농기계 공장 기술원이었다. 설레이는 마음으로 결혼준비를 하고 찾아갔지만 결혼식을 올릴 수 없었다. 영숙이 근무하는 농기계 공장은 박 동무가 근무하는 전동기 공장에서 전동기를 공급받아야 하는데, 월초에 받아야 할 전동기를

월말이 다 되어서 받는 바람에 전달 일을 아직 마치지 못한 상황이었다. 애인이 찾아 왔지만 짬을 낼 수 없었다.

박 동무는 하는 수 없이 결혼을 미루고 전동기 공장으로 돌아왔다. 농기계 공장 직장장은 자기 공장의 노동자가 결혼식을 못 올리는 것을 보고는 철산 농기계 직장장에게 전화를 걸어 항의하였다. 농기계 공장장도 할 말이 있었다. '월초에 주어야 할 전동기를 늦게 주어서 결혼을 못하게 된 것을 왜 나한테 따지느냐'고 하였다. 전동기 공장장은 '이달 말에 모든 일을 동시에 마쳐서 두 사람이 결혼할 수 있도록 하자'고 약속하였다. 농기계 공장장도 흔쾌히 좋다고 하였다. '농기계만 제때 보내 주면 우리도 생산량을 맞출 수 있다'면서 '전동기 공장에서 제때 전동기나 보내주라'고 다짐을 받았다.

시간이 흘러 또 월말이 되었다. 전동기 공장도 바빠지기 시작했다. 이번 달은 더욱 바빠졌다. 박 동무 장가보내

기 프로젝트도 있었다. 하루라도 빨리 생산량을 맞추어야 했다. 공장원들은 직장장의 지시에 따라 생산에 모든 역량을 투입하였다. 하지만 쉽지 않았다. 계속된 밤샘 근무에 기계도 사람도 무리가 갔다.

월말을 앞두고 전동기 공장에서는 생산된 전동기들은 농기계 공장으로 넘겨졌다. 하지만 넘겨진 전동기의 대부분은 불량품이었다. 직장장의 독려에 밤새워 무리하게 전동기를 만들면서, 생산량은 맞추었지만 제품에서 문제가 생긴 것이었다. 다음날이었다. 생산량을 맞추기 위해 일하는 전동기 공장으로 농기계 공장의 공장장과 영숙이 트럭을 몰고 나타났다. 전동기 공장 직장장은 농기계 공장 직장장이 영숙을 데리고 결혼식 준비를 하러 온 것으로 알고 급하게 작업반 반장을 불러 박 동무의 결혼식을 준비하도록 지시하였다. 하지만 착각이었다.

농기구 공장 직장장과 영숙이 트럭에 싣고 온 것은 전

동기 공장에서 만든 불량전동기였다. 트럭 한가득 실려 있는 불량전동기를 보면서 전동기 공장 공장장은 비로소 문제의 심각성을 알게 되었다. 전동기 직장장은 이 모든 일이 자신의 월초병 때문이라는 것을 알았다. 계획경제하에서 자신과 같이 월초병에 걸리게 되면 그 해독이 국가 경제 전체에 영향을 미친다는 것을 깨닫게 되었다.

업무시간에 태만하지 말자: 〈14번 나사〉

〈14번 나사〉는 업무시간에 집중하여 생산성을 높이자는 주제의 단편예술영화이다. 조선예술영화촬영소에서 1988년에 제작한 18분 길이의 예술영화로 2014년 8월에 조선중앙텔레비죤을 통해 방영되었다.

압축기 공장에서 일하는 경옥, 애순, 만숙이 하는 일은 기계를 관리하는 모범적인 노동자이다. 세 사람은 기계 관리를 잘 해서 생산을 높였다는 이유로 공장 속보에 혁신자 세 쌍둥이로 소개되었다. 세 사람의 이야기가 알려지면서 신문사에서 세 사람을 취재하러 왔다. 세 사람은 자신들을 자랑하기보다는 학교를 졸업하고 처음으로 기계를 맡았을 때 했었던 실수담을 이야기한다.

경옥, 애순, 만숙이 공장으로 배치되었을 때 있었던 일이다. 기계를 맡은 지 얼마 되지 않은 어느 날이었다. 압축기의 나사못 하나 때문에 온 공장이 5분 동안 멈추어 서는 사고가 생겼다. 사고 발생 원인을 조사하던 수리공들은 사고가 있기 12시간 전부터 나사가 풀려 있었다는 것을 알아냈다. 기계관리를 담당하던 세 사람에게 관리 상황을 조사하였다. 경옥은 '사고가 발생하기 12시간 전에 나사가

풀렸다는 것을 알고는 다음 관리자인 애순에게 이 사실을 인계하였다'고 하였다. 하지만 애순은 '인계를 받지 못하였다'고 하였다. 두 사람의 진술이 어긋났다.

사실은 애순이 교대시간을 제대로 지키지 못했기 때문이었다. 애순이 교대시간에 늦으면서 경옥은 인계를 제대로 하지 못했던 것이었다. 그날 애순은 퇴근한 다음에 옷을 사러가기로 했었는데, 옷 사는 일에 정신이 팔려서 다음 작업자인 만숙에게 인계를 제대로 하지 않았다. 인수를 제대로 받지도 않고, 인계도 제대로 하지 않고 퇴근하였던 것이었다.

다음 작업자인 만숙도 문제가 있었다. 기계를 관리해야 할 임무가 있었지만 제대로 돌아보지 않았다. 기계를 살펴야 할 업무시간에 뜨개질을 하느라 기계에 문제가 생긴 것을 몰랐다. 결국 나사 하나 때문에 공장 기계 전체가 멈추는 사고가 난 다음에야 자신들의 잘못을 알게 되었던 것이었다. 그때 사고 이후로 애순과 만숙, 경옥은 자신에게 주어진 기계관리 임무를 충실하게 수행할 것을 각오하였다. 세 사람은 자신의 각오대로 충실하게 기계를 관리하면서 모범 일꾼으로 신문에까지 실리게 되었던 것이다.

사회주의 계획경제 시스템의 한계와 교양

〈월초병〉은 생산중심주의적인 경제방식의 전형을 보여주는 현상이다. 월말에 맞추어 그달 생산량만 맞추면 되기 때문에 생기는 여러 가지 병폐 현상을 지적한다.

공장과 기업소에서 월별 생산량에 맞추어 급하게 일하게 되면 불량률도 높아지고, 제품의 질도 떨어지게 된다. 또한 월말에 집중적으로 작업이 이루어지면서 사람은 물론 기계설비에도 무리가 가게 된다. 국가적으로 보면 자원을 낭비하는 결과를 초래한다. 이러한 현상은 사회주의 건설 초기부터 강력하게 주장했던 자원의 효율적 활용과는 상반되는 결과를 초래하므로 이를 예방하고자 만든 영화이다.

게다가 '월초병'은 인민경제를 일원화, 세부화하는 데 큰 걸림돌이 된다. 경제운영 체계의 일원화, 세부화는 계

획적인 생산과 운영을 전제로 한다. 그런데 특정 공장에서 월초병에 걸리게 되면 다른 공장에도 영향을 미치게 된다.

부품 공장에서 월말에

집중적으로 생산하면 조립 공장에서는 부품이 도착할 때까지 기다려야 한다. 다른 공장의 계획 수행에도 지장을 주게 되는 것이다. 이러한 현상이 광범위하게 발생하면, '계획'에 의해 움직이는 사회주의 경제 특성상, 전체의 생산성이 현저하게 떨어지면서, 결과적으로 전체적인 '생산의 정상화'에 지장을 주게 된다.

생산량을 늘리고, 품질을 높이는 있어서 '월초병'은 반드시 타파해야 할 대상이다. 이를 위해 북한은 꾸준히 자재 및 설비의 점검과 보수를 빈틈없이 해야 한다는 것을 강조한다. '월초병'적 행태를 타파하여 '생산의 정상화'를 이루고자 하는 교양 영화를 만들 정도이다. 1970년대 계획경제의 병폐로 불릴 정도로 '월초병'은 사회적으로 큰 문제였다. 사회주의적 생산 방식의 한계를 볼 수 있다. 사회주의 건설에 있어 필수적인 생산의 기본 단위인 '직장'의 개혁과 하부 단위의 생산 정상화를 통해 자원을 절약하고 질 좋은 제품의 생산을 요구하고 있다.

북한 공장에 걸려 있는 모범 노동자들 사진

공장에서 작업 중인 북한 노동자들

남녀평등의 이상과 현실

: 〈다정한 부부〉, 〈시인 조기천〉

북한 문화에 여성의 모습과 역할은 공적인 영역으로만 존재한다. 사회주의의 당당한 일원으로서 역할을 수행해야 하는 동시에 전통적 현모양처로서 아내와 어머니의 역할을 요구한다. 개인으로서의 아름다움이나 욕망은 거세되거나 부정된다. 북한의 이상적인 여성상은 김정숙을 통해서 확인된다. 김정숙의 위상은 김일성의 동지이지만 전투 현장에서는 몸으로 수령을 보호하는 '수령 결사옹위'의 충실한 본보기이자 수령의 충직한 전사이다.

'수퍼우먼' 혹은 '꽃'으로 호명되는 여성

〈다정한 부부〉는 조선중앙방송위원회 텔레비죤극창작단에서 제작한 7분짜리 토막극 교양방송물이다. '생활의 거울'이라는 시리즈로 제작된 일련의 교양물 시리즈의 하나이다.

노년의 신사가 거울 앞에서 정장을 차림으로 나갈 준비를 하고 있었다. 그런 영감님을 보고 있던 할머니가 걱정스럽게 물어본다.

"날씨도 쌀쌀한데, 어딜 나가시려고요?"

"어~, 오늘부터 바삐 좀 할 일이 있어서 그래."

"칠십 먹은 영감이 나가서 할 일이 뭐가 있다고 그래요?"

"차차 알게 될 거요."

어느 가정에서 볼 수 있을 법한 평범한 대화이다. 점심 먹을 돈이 있는지를 확인한 영감은 '늦으면 저녁까지 못 돌아올 수 있으니 그리 알라고' 하면서 집을 나선다.

장면이 바뀌었다. 평양 시내 거리 복판을 중년 부부가 함께 걸어가고 있다. 부인의 두 손에는 가방이 들려 있었고, 등에는 아기까지 업고 있었다. 반면 같이 걸어가고 있는 남편은 여유로웠다. 한 손에 서류가방을 들고, 다른 손을 외투에 넣고 있었다. 여인은 들고 가는 가방이 무거운지 왼손과 오른손으로 번갈아 들면서 다른 손으로 보채는 아이를 달래고 있었다. 이 모습을 지켜보던 영감님이 두 사람을 불러 세웠다. 뜻밖의 부름에 남편이 놀라서 물어본다.

"우리를 불렀습니까?"

"예~."

"우리가 뭐 잘못한 게 있습니까? 교통법규를 위반한 것도 없고, 우리 처는 보시다시피 바지가 아니라 치마를 입었습니다."

남자는 교통법규도 어기지 않았고, 부인이 치마를 입었으니 도덕기풍을 어긴 것도 아니라는 것을 분명히 했다. 영감님도 인정했다. 영감이 알겠다는 듯이 다시 물었다.

"예~예~예~. 그런데 어째서 같이 다니오?"

남편은 어이가 없었다. '부부간에 따로 다니겠는가?' '같이 다니는 게 뭐가 잘못되었냐'고 반문한다. 영감님은 다시 물어본다.

"부부가 맞기는 맞소?"

답답한 남자는 시민증을 꺼내 보여준다. 시민증을 받아든 영감님이 신분증을 확인하였다. 두 사람은 부부가 맞았

다. 두 사람이 부부라는 것을 확인한 영감님이 다시 물어본다.

"그래 두 사람은 연애결혼을 했소? 중매는 누가 섰소?"

남편은 기가 막혔다. 멀쩡히 길을 걸어가던 사람을 불러 세워서는 부부인지 확인하고, 그것도 모자라서 연애결혼을 했는지, 중매결혼을 했는지 따지는 것이 불쾌하기까지 했다. 하지만 마음을 가라앉히고 침착하게 물어본다.

"어째서 그럽니까?"

영감은 두 사람에게 부부의 도리를 물어본다. 두 사람이 서로 사랑해서 결혼했으면 약속을 지켜야 하지 않겠느냐는 충고까지 한다.

"그런데 보라구. 집사람은 아이를 업고 짐까지 들고 땀까지 흘리면서 걷고 있는데 남편이라는 사람은 난딱 서류가방 하나 들고 신사인양 가고 있으니, 이게 첫날 다진 사랑의 약속이 맞는가."

영감이 두 사람을 불러 세운 이유도 여기에 있었다. 영감의 말을 들은 남편이 무안해 한다. 남편이 무안해하자 부인이 나선다.

"애 아버지가 자꾸 들겠다는 것을 제가 말렸습니다."

남편을 위해 나서는 부인이 보기에 좋았던 모양이다. 영감이 남편에게 말한다.

"이 사람 척 보기에도 자네 색시 잘 얻었어. 이런 정황에서도 세대주 체면을 세워주자고 애쓰는 것을 보게. 이런 색시에게 무거운 짐가방을 계속 들고 가게 해야 마음이 편하겠는가."

돌려서 남편의 잘못을 점잖게 충고한다.

"젊은 사람이 봉건적인 남존여비사상은 언제 다 배웠나?" 하면서 부인이 들고 있던 짐가방을 남편에게 건네주었다. 짐가방을 들은 남편은 영감에게 "일깨워 주어서 고맙습니다" 하고 인사를 한다.

남편은 영감에게 진심으로 고마워하면서 어디 사는 누구인지를 물었다. 그러자 영감은 제대군인으로 자발적으로 사회유지를 위해 나섰다고 이야기한다.

남녀평등의 이상과 현실

　북한에서 여성에게 기대하는 역할은 '슈퍼우먼'과 '꽃'
이다. 이상적인 여성은 국가, 사회, 가정에서 모든 것을 희
생하면서도 자신을 드러내지 않는 숨은 영웅이자 헌신적
인 어머니의 모습이다. 북한이 남성 중심적인 사회이고,
가부장적인 전통이 강하게 남아 있다는 것은 여러 경로를
통해서 확인된다. 〈다정한 부부〉에서도 남편에게 "젊은
사람이 봉건적인 남존여비 사상은 언제 다 배웠나?"면서
부인을 도와주라고 하기 전까지 모든 짐은 여성이 들고
간다.

　탈북여성과 인터뷰를 할 때였다. '대한민국에 와서 적응

조선화, 〈혁명의 위대한 수령 김일성 동지를 목숨으로 보위하시는 김정숙 동지〉

안 되는 것이 있었다면 어떤 것이었나요?'라는 질문에 대해 '남자들이 타주는 커피 마시는 게 어색했다'는 답변을 들은 적이 있다. '커피는 여자가 타는 것이라고 생각했었다'는 것이다.

배우자 중에 한 사람이 북한 출신인 '이문화 부부'에 대한 사례 연구에서도 남녀의 역할에 대한 인식 차이가 크다는 것을 확인할 수 있다. 북한에서 여성에게 주어진 역할은 공적인 영역으로만 존재한다. 사회주의 당당한 일원으로서 역할을 수행해야 하는 동시에 전통적 현모양처로서 아내와 어머니의 역할이 강요된다.

> "북한 소설 속 여성상을 종합해보면, 아름다운 미모를 지닌 존재로서 집단의 목표와 성취동기가 뚜렷한 과제를 앞에 둔 여성은 당차고 강인하게 불굴의 신념과 개척 정신을 소유한 주체적 모습으로 그려지기도 하지만, 남성 앞에서나 가족 앞에서는 한없이 여리고 부드러우며 가녀린 여성으로서 남성에 의해 끌려가는 수동적 여성상을 보여주기도 한다. 결국 '강한 부드러움'이라는 현모양처형 모성의 양면성을 극단적으로 양분화한 모습으로 형상화된다는 것은 여성의 다기다양한 현실적인 모습을 왜곡하는 방편이 되고 있다."

—오태호, 「북한 단편소설에 나타난 연애 담론 연구: 2000년대 초반 단편 소설을 중심으로」, 『국제어문』 제58집, 국제어문학회, 2013, 581쪽.

개인으로서의 아름다움이나 욕망은 거세되거나 부정된다. 북한의 이상적인 여성상은 김정숙을 통해서 확인된다. 김정숙의 위상은 김일성의 동지이지만 전투 현장에서는 수령을 몸으로 보호하는 '수령 결사옹위'의 충실한 본보기이자 수령의 충직한 전사이다.

정책적으로 남녀의 평등을 강조하지만 현실과는 거리가 있음을 다른 사례를 통해서 살펴볼 수 있다. 예술영화 〈시인 조기천〉이라는 작품이 있다. '조기천'은 북한에서 혁명시인으로 추모되는 인물이다. 김일성 부자를 제외하고는 개인적인 업적에 대해 평가하지 않는 북한에서 '조기천'이라는 이름이 붙은 영화까지 만든 것을 보면 위상을 확인할 수 있다.

예술영화 〈시인 조기천〉에는 생활의 거울 〈다정한 부부〉와 비슷한 장면이 나온다. 시인 조기천이 광복된 조국으로 돌아와 선진적인 사회주의 제도로 바뀌어 가는 조선 땅을 돌아보면서 벅찬 감동으로 노래한다. 조기천 시인이 어느 농촌에 갔을 때의 일이였다. 커다란 보따리를 이고, 아이까지 업고, 손을 든 여인과 주머니에 손을 넣고 발걸음을 재촉하는 남편의 모습이 보였다.

부부의 모습을 본 시인은 달구지에서 내려 달려갔다. 그리고는 부부를 불러 세운 다음 부인이 이고 있던 커다란 짐보따리를 남편에게 주면서 훈계하였다. '이제는 새로운 세상이 되였다. 새로운 사회주의 제도에서는 남녀평등이 실현되고 있다. 이제는 남편이 부인을 도와주어야 한다'고 일깨워 주었다.

조기천의 말을 들은 남편은 이내 수긍을 하고는 보따리

를 받아 등짐을 지고는 아내의 손에 들려 있던 보따리도 들었다. 부부의 모습을 본 조기천은 사회주의 제도 안에서 '지난날의 봉건 악습이 사라지고 남녀평등이 실현되는 조국'에 대한 긍지를 시로 표현하겠다는 다짐을 한다.

〈시인 조기천〉은 광복 직후의 북한 사회를 배경으로 한 영화이다. 당시 북한 체제가 남녀평등의 실현을 '봉건잔재의 청산', 새로운 사회주의 제도의 우월로서 선전하였다. 하지만 시간이 흐른 2006년 평양을 배경으로 한 〈다정한 부부〉에서도 꼭 같은 상황이 반복되고 있다. 제도적으로는 남녀평등을 말하고 있지만 현실에서는 여전히 가부장적인 생활 형태가 계속되고 있음을 확인할 수 있는 대목이다.

금연(禁煙)의 맹세

: 〈맹세만 다지다가〉, 〈꽃은 이미 받았어요〉

북한의 흡연율은 매우 높은 편이다. 높은 흡연율로 인한 사회적 문제가 커지면서 금연을 강조하기 시작하였다. 〈맹세만 다지다가〉는 성실한 일군이지만 담배를 끊지 못하고 결심만 하던 세대주가 금연을 선언하고는 몰래 담배를 피우다가 망신을 당한 다음 진짜 '금연'을 결심하게 된다는 내용의 드라마이다. 〈꽃은 이미 받았어요〉또한 2000년 이후 강조하고 있는 금연을 주제로 한 토막극으로 공공장소에서는 담배를 피우지 말자는 것을 주제로 한다.

북한의 흡연율과 담배

북한은 흡연율이 매우 높은 국가이다. 2011년 세계보건기구(WHO)에 제출한 보고서에 따르면 북한 남성의 53%는 매일 흡연을 한다. 이러한 수치는 아시아에서는 인도네시아에 이어 두 번째로 높은 수치다.

북한에서도 담배의 해독성을 알리면서 흡연율을 낮추기 위해서 노력하고 있다. 김정일 국방위원장도 지독한 골초였다. 현지지도 관련 행사 때 담배를 들고 있는 모습을 어렵지 않게 볼 수 있었다. 그런 김정일도 한 때 금연에 참여했던 적이 있었다. 김정일은 "담배는 심장에 겨눈 총구와 같다"거나 담배를 피우는 것을 '컴퓨터를 모르고',

북한의 여러 담배

'외국어를 모르는 것'과 함께 '3대 바보'라고 하였다. 김정일이 이런 말을 하면서 금연캠페인을 벌였지만 효과는 별로 없는 듯하다. 김정일도 금연을 지키지는 못하였고, 김정은도 담배를 피운다.

남한에서는 담배를 주로 갑에 넣어 파는 갑 담배이지만 북한에서 담배는 보통 '잎 담배'와 '갑 담배'로 구분된다. 담배 잎 가루로 피울 때는 담배지라고 하는 종이에 말아서 피워서 '말아초(마라초)'라고 하기도 한다. 일반 주민들은 값이 싼 잎담배를 많이 피우고, 여유가 있는 사람들은 갑 담배를 피운다. 잎담배의 경우 주로 깡통에 담겨 있기 때문에 '깡통담배'라고 불리기도 한다. 한 깡통이면 200여 개피 정도를 말아 피울 수 있다.

여유가 있는 사람들이나 간부들은 갑 담배를 피우는데, 북한에서 생산되는 담배는 60여 가지 정도 된다. 중산층에서는 '여명', '고향' 담배를 많이 피운다고 한다. 북한산 담배만 있는 것은 아니다.

북한산보다는 인기가 많아서 외국산 담배도 많이 유통된다.

외국산 담배는 대외무역이나 밀무역을 통해서 들어

함경북도 담배농장

오는데, 중국 담배를 비롯해서 일본 담배, 미국 담배가 유통된다. 외국 담배가 순하고 맛이 좋아서 인기가 높아 고위 간부들이나 중산층에서는 외국 담배도 많이 피웠다고 한다. 하지만 2014년에 김정은이 외국산 담배 금지령을 내리면서, 외국 담배가 많이 사라지고 대부분 북한산 담배로 바뀌었다. 시장에서 유통되는 담배의 대부분이 북한산이라고 한다. 북한 담배는 질이 낮아 인기가 높지 않았는데, 담배종이나 필터 등을 중국으로부터 수입해서 만들면서 품질이 개선되었다고 한다. 금연정책이 추진되고는 있지만 흡연을 위한 환경도 좋아진 셈이다.

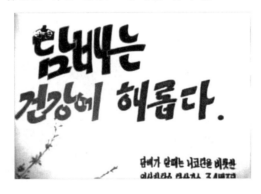

작심 3일의 금연 맹세: 〈맹세만 다지다가〉

〈맹세만 다지다가〉는 평양연극영화대학 청소년영화 창작단에서 제작한 예술영화이다. 예술영화라고 하지만 영화 시간은 20분에 불과하다. 영화보다는 단편 교양 방송물에 가깝다. 〈맹세만 다지다가〉는 교양방송물 시리즈인 '이런 현상을 없앱시다' 시리즈의 한 작품이다. '이런 현상을 없앱시다'는 생활에서 고쳐야 할 교양을 주제로 제작한 시리즈물이다.

북한의 흡연율은 매우 높은 편으로, 높은 흡연율로 인한 사회적 문제가 커지면서 금연을 홍보하기 시작하였다. 〈맹세만 다지다가〉는 성실한 일꾼이지만 담배를 끊지 못하고 결심만 하던 세대주가 주인공이다. 금연을 선언하고는 몰래 담배를 피우다가 망신을 당하고는 진짜 '금연'을 결심한다는 내용의 드라마이다.

병원에서 중년의 남성이 건강검진을 받고 있다. 남성은 연합사업소에 근무하는 세대주였다. 세대주는 가정과 사회의 성실하고 모범적인 일꾼이었다. 흠잡을 데 없지만 한 가지 단점이 있었으니 바로 담배였다. 지독한 줄담배꾼이었다. 담배 때문에 기관지 폐렴을 앓게 되었고, 병원신세까지 지게 되었던 것이다.

병원에 머물면서 담배를 피우지 않았고, 그 때문에 건강도 좋아졌다. 의사들은 이번 기회에 담배를 끊으라고 하였다. 세대주는 "담배가 생각나면 한 대만 피우겠다"고 대답하였다. 그러자 의사들은 "그 한 대 때문에 다시 줄담배를 피우게 된다"면서 완전히 끊으라고 하였다. 세대주도 "부인과 아이들을 위해서 이번에 완전히 끊겠다"고 굳게 결심하였다.

담배를 끊으니까 밥맛도 좋아졌다. 평상시에 남기던 밥그릇도 싹싹 비웠다. 하지만 담배를 피우고 난 다음이 문

제였다. 밥을 먹고 난 다음에 습관처럼 담배를 찾았다. 병원에서 치료를 마치고 다시 직장에 출근하게 되었다. 직장 처장은 반갑게 맞으면서 담배를 권하였다. 하지만 세대주는 '담배를 끊었다'면서 처장에게도 '담배를 끊으라'고 권하였다. 그러면서 자기는 담배가 다시 생각날 때면 '이걸 다시 피우면 내가 염소가 된다'면서 결심을 다지곤 한다고 방법까지 알려주었다.

처장은 세대주의 금연결심이 굳은 것을 알고는 토요일에 금연강연을 해 달라고 부탁을 하였다. 세대주는 처장의 말에 흔쾌히 대답을 하였다. 하지만 금연은 쉽지 않았다. 옆 자리에서 다른 사람이 담배 피는 모습을 보면서 자신도 모르게 담배냄새에 이끌리곤 하였다. 옆에서 지켜보면서 고통스럽고 초조해 하였다. 동료들은 도와주기는커녕 새로 나온 담배를 권하였다. 세대주는 결심을 밝히면서 나가서 피우라고 쫓아낸다. 문제는 그 다음이었다. 동료가

담배를 피우러 밖으로 나간 사이 세대주는 재떨이에 두고
간 담배꽁초를 보다가 그만 담배꽁초를 입에 물었다. 금연
결심이 깨진 것이다.

세대주에게 쫓겨난 복도에서 담배를 피우던 직장 부하
는 세대주의 부인과 처장에게 혼이 났다. 처장은 세대주의
이름을 대면서, 세대주처럼 단호하게 끊으라고 권하였다.
세대주의 금연 결심은 직장 사람들의 모범이 된 것이다.
하지만 담배 맛을 본 세대주는 담배가 피우고 싶어 안절
부절이었다. 직장장에게 보고하러 갔던 세대주는 직장장
이 피우던 담배를 가져와서는 기어이 다시 담배를 피웠다.

퇴근한 세대주는 담배를 찾았다. 담배를 찾다가 부인에
게 혼이 난 세대주는 베란다로 나갔다가 옆집 아저씨에게
담배를 받아서는 몰래 피우기 시작했다. 이후부터 세대주
는 직장이며, 버스정류장이며 장소를 가리지 않고 담배를
피웠다.

한편 병원에서는 연합사업소에서 주최하는 금연토론회가 열린다는 소식이 전해졌다. 금연 홍보사업을 위해 병원 관계자도 토론회에 참석하였다. 강연을 앞두고 세대주는 강연장에 가려고 버스를 기다리고 있었다. 버스를 기다리면서 담배를 입에 물었다. 세대주의 담배연기 때문에 다른 사람들이 고통스러워하였다. '다른 곳에 가서 담배를 피우라'고 하였지만 세대주는 못들은 척 하였다. 버스에 올라 탈 때였다. 세대주가 아무렇게나 던진 담배가 다른 사람의 가방에 들어갔고, 버스 안에서 가방에 불이 붙는 사건이 생겼다.

연합사업소 강당에서는 직원들이 모인 가운데 금연강연이 시작되었다. 담배에 대한 해독성 교육에 이어서 금연 사례 발표가 있었다. 버스를 타고 강연장에 도착한 세대주가 강연을 시작하려고 무대 위로 올라갔다. 강연을 시작하려고 할 때 강연장에 있던 한 사람과 눈이 마주쳤다. 바로

버스정류장에서 자신이 버린 담배 때문에 가방에 불이 붙었던 바로 그 병원 의사였다. 강연장은 금연경험을 이야기하는 곳이었지만 세대주는 차마 금연 사례를 발표할 수 없었다. 세대주는 담배 해독성에 대한 경험토론을 하지 못하고, 대신 자아비판을 하면서 '이번에는 기필코 담배를 끊겠다'는 금연을 맹세한다.

공장소에서는 금연을: 〈꽃은 이미 받았어요〉

〈꽃은 이미 받았어요〉는 텔레비죤창작단에서 제작한 텔레비전 토막극이다. 2011년 5월 13일에 방영된 적이 있는 7분 길이의 짧은 교양물로 공공장소에서 담배를 피웠다가 크게 망신을 당한다는 내용이다.

명진은 여러 사람들이 버스를 기다리는 버스정류장에서 아무 생각 없이 담배를 입에 문다. 그리고는 빈 담뱃갑을 아무렇게나 '획~' 던졌다. 명진이 담배를 피워 연기를 내뿜자, 옆에 있던 어린 아이가 울음을 터트렸다. 사람들은 명진의 담배연기 때문에 아이가 칭얼거리는 것을 알고는 명진을 노려보고 한 마디씩 한다.

"이렇게 사람이 많은 곳에서는 담배를 좀 피우지 말지."

하지만 담배를 피우는 명진은 아무 생각이 없다. 애기 엄마들이 담배연기 때문에 비워둔 자리에 할머니와 손녀로 보이는 여학생이 앉았다. 할머니가 명진에게 한 마디 하려는데, 휴대전화로 전화가 왔다. '할 이야기가 있었는데 깜빡 잊었다'는 부인 순영의 전화였다.

부인은 '우리 아이가 이번 학과 경연에서 1등을 했으니 마땅히 담임선생님에게 감사 인사를 드리러 가라'면서 '학부형 총회에 참석하라'고 하였다. 바쁘다는 핑계를 대고 있을 때 부인이 정류장에 도착했다. 부인이 재촉하자 명진은 재촉하는 부인의 성화에 못 이겨 '알겠다'고 손사래를

치다가 그만 뒤에서 버스를 기다리던 여인의 옷에 담배구멍을 냈다. 명진은 황급히 사과하면서 버스에 올랐다.

명진이 버스에 올라탄 다음 사람들은 명진의 행동에 대해 한 마디씩 했다. '혼을 내야 한다', '공공장소에서 불쾌감은 물론 피해를 주는 사람을 그만 두어서는 안 된다. 잡아다가 망신을 주어야 한다'면서 한 마디씩 하였다. 부인 순영이 남편 명진을 대신해서 사과하였다. 그리고 사과의 의미로 꽃을 사서 구멍이 난 자리에 달아 주었다.

한편 명진은 부인의 말대로 담임선생님에게 줄 꽃을 들고 학부모총회에 참석하러 학교에 갔다. 학교에 가서도 여전히 담배를 피워 물었습니다. 명진은 자신이 피우던 담배를 화단에다 버리면서 담배꽁초가 아름다운 꽃 위에 떨어졌다. 학교 운동장에서 아들을 만난 명진은 마침 아들과 같이 있던 담임선생님에게 감사의 꽃을 주려고 하였다. 두

손으로 꽃을 주려는 순간 명진은 크게 놀랐다.

아들의 담임선생님이 바로 아침에 정류장에서 옷에 담배구멍을 냈던 그 여자였기 때문이었다. 당황한 명진이 놀라 자빠졌다. 어쩔 줄 몰라 하던 명진이 겨우 사과하면서 꽃다발을 건넸다. 담임선생님은 아침에 꽃을 달아준 여인이 명진의 남편이었다는 것을 알게 되었다면서 '꽃은 이미 받았답니다'고 하였다.

명진이 담배구멍을 냈던 곳을 보니 꽃송이가 있었다. 아침에 부인이 꽃을 사서 꽃송이를 골라서 장식으로 달아주었던 것이었다. 사실을 알게 된 명진은 깊이 반성하였다. "담배를 피우다 제 옷을 태워 버린 적도 있었는데, 오늘은 담임선생님 옷을 태웠습니다"면서 "앞으로는 두 번 다시 이런 일이야 있겠습니까" 하면서 금연을 결심하였다.

북한의 금연 열풍

김정일, 김정은 등 최고지도자가 담배를 피우기는 하지만 일반 주민을 대상으로 한 금연운동도 지속적으로 진행하고 있다. 2000년부터 금연홍보도 활발하다. 북한은 20세 이상 남성들의 흡연율이 약 80%로 매우 높은 것으로 알려져 있다.

흡연율을 줄이기 위하여 2000년 8월 '담배근절 봉화운동'을 처음 실시한 이래로 세계 금연의 날인 5월 31일을 전후로 하여 담배의 해독성에 관한 사진자료와 금연제품을 전시하면서 금연을 장려하고 있다.

2008년에는 금연 바람에 맞추어 평양시 서성구역 산신동에 금연제품 전시장도 개관하였다. 전시장에서는 담배가 인체에 미치는 해독성을 홍보하고, 금연을 권하는 녹화물과 출판물, 선전포스터 등을 통해 금연을 권장하고 있다.

금연에 대한 정책을 위해서 2005년 7월에 담배통제법을 제정했다. 담배통제법은 금연 장소를 확

대하고 미성년자에 대한 담배 판매를 금지하며 흡연자에 대해서는 대입자격 박탈을 포함한 강력한 규정을 두고 있다. 최근에는 '민족금연조정위원회'라는 단체까지 만든 것으로 알려졌다. 민족금연조정위원회는 산하에 '담배연구중심(센터)' 부서를 두고서 담배통제 활동 계획과 전략, 규정에 대한 연구와 금연구역 설정, 담배 해독성 홍보사업 등을 벌이고 있다.

특히 '세계 금연의 날'과 관련하여 매년 다양한 행사를 진행한다. 주요 행사로는 흡연의 해독을 알리는 대중강연, 금연관련 방송물 시청, 금연연구보급기관에 대한 참관 등의 프로그램을 운영하고 있다. 평양연극영화대학 청소년영화 창작단에서 제작한 〈맹세만 다지다가〉나 〈꽃은 이미 받았어요〉는 이러한 금연 홍보의 일환으로 제작된 토막극으로 '세계 금연의 날'(5월 31일)을 전후하여 방영된 금연 홍보물이다.

휴대전화와 전화 에티켓

: 〈철이 아버지였군요〉, 〈병은 네가 걸렸어〉

북한에서 이동통신사업이 본격화된 이후 휴대전화 사용 인구가 크게 늘었다. 휴대전화 사용자가 크게 늘어나면서 휴대전화 예절이 사회적인 문제가 되고 있다. 〈철이 아버지였군요〉는 휴대전화 사용 예절을 강조한 토막극이고, 〈병은 네가 걸렸어〉는 텔레비죤극창작단에서 2006년에 제작한 8분 길이의 텔레비전 토막극으로 전화 예절을 잘 지키자는 주제를 코믹하게 만든 토막극이다.

휴대전화 사용은 이렇게: 〈철이 아버지였군요〉

〈철이 아버지였군요〉는 텔레비죤극창작단에서 제작한 10분짜리 토막극이다. 텔레비죤극창작단은 명칭에서 알 수 있듯이 텔레비전 방송극을 전문으로 창작하는 제작단이다.

토막극이란 우리로 치면 단편극에 해당한다. 하지만 10분의 길이는 단막극이라고 하기에도 짧은 분량이다. 북한의 방송물은 대체로 길지 않다. 토막극이 아니어도 한 시간을 넘기지 않는다. 드라마의 경우에도 길어야 10부작 이내이다. 대부분 2부작으로 제작된다. 〈계월향〉같이 몇 십 부작 장편 역사드라마는 흔치 않다. 북한 방송물의 시간이 길지 않은 것은 분명한 제작 목적과 주제의식을 갖고 만들어지기 때문이다. 영화를 통해 인민을 교양하는 짧

은 교양홍보물로써 기능이 주목이기 때문에 주제도 분명하고, 등장인물도 단출하다.

〈철이 아버지였군요〉의 주제는 휴대전화를 장소에 맞게 올바르게 사용하자는 것이다. 휴대전화 사용과 관련된 만큼 제작 시기도 최근으로 추정된다. 2012년 6월에 조선중앙방송을 통해서 방영되었다.

공공장소에서는 '손전화 예절'을

여러 사람들이 함께 타고 있는 버스 안이었다. 버스 안에서는 여러 사람들이 조용하게 이야기를 나누면서 버스를 타고 가고 있었다. 그때 어디선가 노래 소리가 들렸다. 휴대전화 신호 음악이었다.

버스 안에 있던 젊은 여성이 휴대전화를 받고는 조용히 말했다. "제가 지금 버스 안이어서 전화를 받을 수 없습니다. 내려서 인차(금방) 전화하겠습니다." 하고는 전화기

를 껐다.

여러 사람이 모여 있는 공공장소에서 휴대전화를 어떻게 받아야 하는지를 모범적으로 보여주었다. 하지만 모든 사람들이 이렇게 휴대전화 에티켓을 지키는 것은 아니었다.

갑자기 조용하던 버스 안에서 괴상한 닭 울음소리가 크게 울렸다. 그리고 한 중년남성이 주머니에서 휴대전화를 꺼내 들었다. 그리고는 큰 소리로 대화를 시작하였다. "어 그래 너 박춘봉이구나" 하면서 큰 소리로 사적인 대화를 나누기 시작했다. '아버지 환갑잔치는 잘 치렀고, 직장에서는 발전기 회전축의 효율을 높이는 혁신적인 기술을 개발했다'는 이야기까지 휴대전화로 집안일에서부터 직장 이야기까지 가리지 않고, 이야기를 나누었다.

통화하는 목소리가 커지면서 주변 사람들은 얼굴을 찌푸리기 시작했다. 젊은 여성이 갓난아이를 안고 가고 있었

는데, 남성의 휴대전화 통화소리에 놀라 깨어나서 칭얼거리며 울기 시작했다.

아이가 울기 시작하자 통화를 하던 남성이 돌아서서 한마디 했다. "아니 아주머니 애를 좀 달래지 못하겠소. 시끄러워서 어디 통화를 할 수 있소" 하면서 도리어 짜증을 냈다. 적반하장이 따로 없다. 아이가 누구 때문에 잠에서 깨어나 울게 되었는데, 방구 뀐 놈이 도리어 성낸다고 짜증을 내면서 '아이 하나 달래지 못한다'고 짜증을 내는 것이었다. 남자의 무뢰한 태도에 다들 어이없어 하였다.

버스에서 내린 남성은 부인에게 전화를 걸어 아들 철이의 담당의사 전화번호를 물었다. 남성이 아들 철이의 담당의사 전화번호를 찾게 된 사연이 있었다. 남성이 출장을 간 사이에 아이가 급성충수염(맹장염)에 걸려서 병원에 입원하게 되었는데, 의사선생님이 정성껏 돌보아주고 약까지 지어주었던 것이었다. 이런 사실을 알게 된 철이 아버지는 의사 선생을 찾아가 감사의 마음을 표시하고 싶었던 것이었다. 번호를 받은 남성은 부인에게 '음악감상 조직이 끝나는 대로 철이 담당의사 선생을 찾아가 인사하겠다'면서 전화를 끊었다.

전화를 끊은 남성은 공연관람을 보기 위해 공연장으로 들어갔다. 공연이 시작되었고, 공연이 한층 무르익을 때였다. 남성의 휴대전화에서 특유의 괴상한 신호음이 울렸다. 공연과는 어울리지 않는 닭 울음소리였다. 부인에게서 온 확인 전화였다. 남성은 휴대전화를 꺼내들고는 통화를 시작한다. 이때 남성에게 뒷자리에 있던 여성이 조용히 충고한다.

"선생님 여러 사람이 모여 있는 곳에서는 손전화를 꺼두시는 게 다른 사람을 불편하게 하지 않습니다. 지금이라도 손전화를 꺼두시죠."

남성이 돌아보았다. 하필이면 낮에 버스 안에서 보았던 아이를 안고 있던 여인이었다. "아침에 (먹기 싫어) 밀어두었던 생선 토막이 점심 때 다시 올라온다더니, 아침에 아이 하나 달랠 줄 모르던 그 여자네" 하면서 퉁명스럽게 대꾸하였다. 적반하장 2탄이다.

공연이 끝나고 극장 밖으로 나온 남성은 철이 담당의사

에게 전화를 걸었다. '지난번에 철이를 잘 돌보아 주어서 너무나 감사하다. 찾아가서 인사를 하고 싶다'고 하였다. 의사 선생님은 "응당 해야 할 일을 했을 뿐인데, 찾아 올 필요가 있나요" 하면서, '마침 집에 일이 있어서 찾아오지 않아도 된다'면서 가볍게 거절하였다. 하지만 남성의 생각은 달랐다. 아직 철이의 병이 완쾌된 것도 아니고, 앞으로도 아들 철이를 잘 보살펴 달라고 부탁하려면 이때 점수를 따는 것이 좋겠다고 생각했다.

그리고는 병원에 전화를 걸어 아들 철이의 담당의사 선생 집을 물어보았다. 아들의 담당의사 집을 알아낸 남성은 선물을 잔뜩 사들고 집으로 찾아갔다. 마침 의사 선생은 잠시 위층에 맡겨 두었던 떡을 찾으러 가느라 잠깐 자리를 비우고 없었다.

남성은 가지고 간 선물을 주고는 소파에 앉아 의사 선

생을 기다렸다. 잠시 후 현관문이 열리고 의사 선생이 들어왔다. 그 순간 남성의 얼굴은 하얗게 질렸다. 아침에 버스 안에서, 그리고 관람조직 때 극장 안에서 본 여성이 바로 아들 철이의 의사 선생님이었던 것이었다. 의사 선생님을 본 남성은 어쩔 줄 몰랐다. 쥐구멍이라고 들어가고 싶었다. 급히 볼일 본다면서 화장실로 피하였다.

한편 철이의 엄마는 남편의 소식이 궁금했다. 의사 선생을 찾아갔으면 갔다고 확인 전화를 하기로 했었는데, 시간이 지나도 소식이 없자 불안하였다. 남편이 제대로 찾아갔는지 걱정이 된 부인이 전화를 걸었다. 그 순간 화장실에서는 괴상한 닭 울음소리가 났고, 남성의 정체도 드러났다. 자신이 정체가 들통 난 남성은 철이 담당의사에게 진심으로 사과를 하였다. 그리고는 앞으로 손전화 예절을 잘 지킬 것을 선언한다.

올바른 전화 예절 지침서: 〈병은 네가 걸렸어〉

전화 예절은 휴대전화만의 문제는 아닌 모양이다. 〈병은 네가 걸렸어〉는 휴대전화가 아닌 일반전화 예절 주제로 한 텔레비전 토막극이다. 텔레비죤극창작단에서 2006

년에 제작한 8분 길이의 교양물로 2011년 8월에도 방영되었다.

나이 지극하고 점잖게 생긴 영감님 집으로 전화가 왔다. 아들의 전화였다. 아들은 "아버지, 이번에 가기로 한 약속이 어렵게 되었습니다" 하고는 자기 말만 한 다음에 전화를 끊었다. 아들의 전화를 받고 어떻게 된 일인지 궁금해진 아버지는 사연을 물어보고 싶었지만 전화기는 끊어진 상태였다. 아버지가 말을 다 마치기도 전에 아들이 전화를 툭 끊어 버린 것이었다.

영감은 화가 났다. 아들의 전화 예절이 마음에 들지 않았다. 영감은 아들의 버릇을 고쳐주고자 꾀를 냈다. 영감은 다시 아들 집으로 전화를 했다. 아들이 전화를 받자 "실례지만 선규 선생 집입니까?" 하면서 꼬박꼬박 존댓말을 하였다.

아들은 당황했다. 전화 목소리는 아버지가 분명한데, 아들인 자기에게 꼬박꼬박 존댓말을 하는 게 아닌가. 며느리도 이상하게 생각하였다.

전화를 끊은 아들은 "아버지가 무슨 병이라도 걸리지
않았으면, 아들에게 꼬박꼬박 '선규 선생'하면서 존댓말을
할 리가 없는데…" 하면서 의아하게 생각하였다. 아들과
며느리는 아버지의 정신이 이상해졌다고 생각했다. 아버
지가 '뇌혈전' 때문에 정신이 이상해진 것이 분명하였다.
걱정이 된 아들과 며느리는 급히 아버지 집으로 달려왔다.

아들을 만난 아버지는 계속해서 아들을 '선규 선생님'
이라 부르면서 꼬박꼬박 존대하였다. 아들과 며느리는 아
버지가 틀림없이 '뇌혈전' 때문이라고 생각했다. 그러면서
병원에 가자고 재촉했다. 그때였다. 곁에 있던 어머니가
나섰다. "아서라 병은 무슨… 이게 다 네 그 잘난 전화 예
절 때문이다"고 하였다.

영문을 몰라 어리둥절 하는 아들에게 영감은 정색하면
서 말했다. "병은 내가 걸린 것이 아니라 네가 걸렸어" 하

면서 아들을 나무랐다.
"전화는 상대방을 보고
말하는 것이 아니기 때문
에 더욱 예절을 잘 지켜
야 한다"면서 전화를 똑
바로 받으라고 충고하였
다. 그제야 아들은 자기

의 전화 예절을 바로잡고자 아버지가 연극했다는 것을 알게 되었다. 아들은 "버릇없이 전화 예절을 지키지 못했다"면서 사과했다. 하지만 아버지는 아들의 사과를 바로 받아들이지 않았다. 아버지는 "집에 가서 전화로 이야기하자"면서 돌려보냈다.

집으로 돌아온 아들은 아버지에게 다시 전화를 걸었다. 이번에는 아버지에게 공손하게 내용을 이야기하고는 아버지가 먼저 전화를 끊을 때를 기다렸다가 전화를 끊었다. 아들의 잘못된 전화예절이 고쳐진 것이다.

휴대전화 보급과 전화 예절

북한에서 휴대전화 사용이 본격화된 것은 2008년이다. 그 이전에도 휴대전화가 사용되기는 하였지만 제한적이었다. 더욱이 2004년 4월에 있었던 평안북도 룡천역 열차 폭발 사건이 발생하자. 이를 계기로 내부 정보 유출 등의 이유로 2004년 6월부터 이동통신 서비스를 전면 금지했었다. 그 이후에도 북·중 접경 지역에서 중국 휴대전화를 사용하는 주민이 있었고, 내부적으로 휴대전화 사용이 늘기는 하였지만 제한적이었다.

북한이 다시 이동통신통신서비스를 시작한 것은 2008년이었다. 룡천역 폭발사고 4년이 지난 2008년 12월 이집트의 통신사인 오라스콤텔레콤홀딩스(OTH)와 북한의 체신성이 75대 25로 투자하여 고려링크를 설립하고는 고려링크를 통해 3세대 이동통신사업을 시작하였다.

평양에서 2008년 12월부터 3G방식의 휴대전화 사업과 서비스를 시작한 이래로 12개의 주요 도시와 42개 소도시로 서

비스 지역이 확대되었다. 가입자가 200만 명을 넘어 300만 명에 육박할 것이라는 보도도 있다. 북한과 중국의 국경 밀무역 품목 가운데 최근 가장 잘 팔리는 밀수품 중 하나가 휴대전화와 중국 이동통신사의 요금충전카드라고 한다(『월간북한』, 2015년 2월호, 142쪽).

방송언론을 통해서 알려진 바와 같이 북한에서 휴대전화 보급이 크게 늘어났다. 휴대전화 보급이 늘면서 일상생활 현장에서 휴대전화 사용자들을 어렵지 않게 볼 수 있다고 한다. 휴대전화 가입자는 늘어났지만, 휴대전화 예절은 아직 정착되지 않은 것 같다.

방송용으로 설정한 것이기는 하지만 〈철이 아버지였군요〉의 설정처럼 버스 같은 대중교통이나 공연장에서 심심치 않게 휴대전화로 무절제하게 통화하면서 다른 사람에게 피해를 주는 사례도 많아진 것 같다. 그래서 방송을 통해 휴대전화를 올바로 사용하자고 교양하는 것이다.

북한에서 휴대전화 사용 인구가 늘어나면서 휴대전화 사용이 미칠 영향에 대한 연구도 이루어지고 있다. 대외 정보가 북한 내부로 빠르게 유통될

것이라는 의견도 있다. 하지만 북한의 휴대전화가 인터넷을 통한 대외 정보의 유입에는 한계가 있다. 휴대전화를 통제하는 기술 역시 동반되기 때문에 내부적 감시망은 더욱 촘촘해질 수도 있다. 그럼에도 불구하고 분명한 것은 내부의 정보 소식 자체가 어느 때보다 빠르게 유통될 것은 분명하다.

미풍에 맞는 옷차림,
격식에 맞는 옷차림

: 〈겉멋이 들어〉, 〈인사를 받아주십시오〉

북한에서 복식은 통제 대상의 하나이다. 어떤 옷차림을 해야 하는지에 대해 규제하고 통제한다. 천리마 시대에는 치마를 짧게 입을 것을 권장하였다. '짧은 치마는 보기에도 좋고 활동에도 편리하며 천도 많이 절약된다는 것이 이유였다. 긴치마는 '잔치를 할 때나 명절 같은 때 그리고 외국손님을 맞이할 때 예복으로 입을 것'을 권장했다. 자본주의 체제에서 의복은 개인의 취향이나 유행의 문제이지만 북한에서는 정치사회적인 생활 영역이다.

이쁜 옷에 대한 욕망과 집단주의 사이의 갈등: 〈겉멋이 들어〉

〈겉멋이 들어〉는 조선2·8예술영화촬영소 대덕산창작단에서 1988년에 제작한 12분 길이의 예술영화다. '사회주의 생활양식에 따라 사회주의적인 정서와 미감에 맞는 옷차림을 하자'는 주제로 2011년 7월에 조선중앙텔레비죤을 통해 방영되었다.

현옥은 직장 동료들과 함께 견학을 갈 옷을 보고 있었다. 한 눈에도 눈에 확 띄는 점퍼에 상표와 영문로고를 달려고 하였다. 현옥은 상표는 붙이고자 수예전문가인 친구를 불렀다. 하지만 친구는 이 글자 무슨 뜻인지 아느냐면서 미감에 어울리지 않는다고 하면서 거절하였다. 현옥은 할 수 없이 자신이 직접 옷을 고치고는 나팔바지를 입고

나간다.

기차역에 도착한 현옥을 보면서 동료들은 '별스럽다'는 반응을 보인다. 현옥은 친구들의 반응에 고민을 하다고 '내가 조직을 위해서 옷을 갈아입겠다'고 하면서 옷을 갈아입기로 하였다.

옷을 갈아입기 위해 집에 도착한 현옥은 열쇠가 없다는 것을 알았다. 현옥은 열쇠를 가져 오기 위해서 엄마의 직장으로 나섰다. 엄마의 직장으로 가는 길에 친구를 만났다. 현옥의 사정을 알게 된 친구는 '엄마의 직장까지 언제 다녀오느냐'면서 가까운 자기 집에 가서 자기 옷을 입고 오라면서 열쇠를 주었다.

현옥은 옷을 빌려 입기 위해서 친구의 집으로 갔다. 현옥이 친구 집으로 들어간 사이에 앞집 아주머니가 외출하려고 나섰다가 방문이 열려 있는 것을 보았다. 앞집 아주머니는 방문이 열려 있는 것을 보고 누가 왔는지 들여다보았다.

마침 현옥이 옷을 찾기 위해서 장롱 문을 열고 옷을 찾고 있었는데, 바지를 입은 현옥을 보고는

도둑으로 오해하였다. 아주머니는 방문을 끌어안고는 아파트 사람들을 불렀다. 순식간에 동네 사람들이 모였고, 경찰도 달려왔다.

다행히 현옥의 친구가 와서 모든 상황을 설명하면서 일은 무사히 마무리되었다. 현옥은 도둑으로 오해 받았던 일을 계기로 사회주의적인 정서와 미감에 맞는 옷차림을 즐길 것을 다짐하였다.

복식, 통제와 균열 사이의 줄다리기

북한에서 복식은 통제 대상의 하나이다. 1990년대 중반 이후 경제난으로 인해 의복공급이 원활하게 이루어지지 못하면서 북한 주민들이 스스로 의복을 입거나 시장을 통해 구입하는 경우가 많아졌다.

최근에는 시장이 활성화되면서 경제적 능력에 따라서 옷차림도 차이가 커졌다. 일부 상류층에서는 시장을 통해서 고가의 외제 옷을 구매해 입기도 한다. 주민들 사이에도 복장이 달라지면서 북한에서 사회주의 생활양식을 경시하는 풍조가 확산되었다. 〈겉멋이 들어〉와 같은 영상물을 제작하고, 방영하는 것도 사회주의적 생활양식을 강조하기 위한 목적이 크다.

어떤 옷차림을 해야 하는지에 대해 규제하고 통제한다. 천리마 시대에는 치마를 짧게 입을 것을 권장하였다. '짧은 치마는 보기에도 좋고 활동에도 편리하며 천도 많이 절약된다는 것이 이유였다. 긴 치마는 '잔치를 할 때나 명절 같은 때 그리고 외국 손님을 맞이할 때 예복으로 입을 것'을 권장했다. 자본주의 체제에서 의복은 개인의 취향이나 유행의 문제이지만 북한에서 의복은 정치사회적인 생활 영역의 문제이다.

북한 주민의 옷차림은 정책에 영향을 받고, 정책에 따라 바뀐다. 기본적으로 대중의 욕구를 창출하고 이를 산업으로 연결 짓는 남한의 구조와는 차이가 있다. 생산을 책임지는 주체가 국가이기에 북한 주민의 의복은 정책 환경에 직접적인 영향을 받는다. 옷차림이 화려해지고 달라지기 위해서는 다양한 옷차림을 뒷받침할 옷감이 생산되어야 한다. 옷을 생산할 수 있는 물적 기반이 갖추어져야 한다. 그래서 북한의 옷차림 변화는 곧 북한 체제의 정책적 변화를 엿볼 수 있는 척도가 된다.

북한 경제가 상대적으로 좋았던 1980년 초반 김일성은 평양시민들의 옷차림이 다양하지 못한 것을 개선해야 한다고 지적하였다. '평양시민들이 화려하고 맵시 있는 옷을 입지 않고 옷차림을 되는 대로 하고 다니기 때문에 도시가 환하지 못하다'는 것이다.

경공업 분야의 일군들이 시민들의 옷을 여러 가질 색깔

로 꼭 맞게 해 입고 다녀야 한다고 강조했다. 심지어 여성들이 옷을 화려하게 입고 다니는 것을 시비하는 것은 옳지 못하다고까지 하였다. 여성들은 자기 몸매와 계절에 맞게 모자와 수건도 쓰고 꽃양산도 쓰고 다니는 것이 좋다고 권장하였다. '생김새와 나이, 직업에 맞게'라는 애매한 테두리를 정하기는 하였지만 다양하게 하는 것이 좋다고 하였다.

1990년대 이후 경제적인 영향으로 축소되었던 옷차림은 최근 들어 경제가 활성화되면서 다시 다양해지고 있다. 과거와 같지는 않다. 당에서 공급하는 방식에서 일정 정도 비켜 있다. 서양의 캐릭터나 상표가 붙은 옷차림이 등장하였다. 정책으로 규율하지 못하는 가운데 자본주의 황색바람으로 이어질까 걱정하고 있다.

옷차림이 규범에 맞지 않으면 '생활총화'나 '단속 통제 사업'을 통해 규제한다. 옷차림을 '어떻게 하느냐'는 개인의 문제가 아니다. 옷차림과 몸단장은 '단순한 형식상의 문제'가 아니라 '정신 상태를 보여주는 하나의 징표'로 본다. '단정한 외모'는 사람들의 인품을 높이고 사회적으로 '문화적인 정서와 풍치를 돋구워준다'는 것이다.

복식에서 중요한 것은 시대적 미감에 맞는 옷차림이다. 다시 말해 '사회주의 생활양식'에 맞는 옷차림이다 최근 북한 노동신문은 봄철 '위생월간'(3~4월)을 맞이하여 도시와 농촌의 환경을 깨끗이 하고, 주민의 옷차림 등에서 사회주의 문화를 확립할 것을 촉구하였다.

자기가 사는 집과 거리와 일터를 알뜰하게 꾸미고, 옷차림과 몸단장을 '우리 식'대로 고상하게 하여 사회주의 생활양식을 철저히 확립해 나가자고 강조했다. 치마는 무릎 위로 올라가면 안 좋게 보고, 미니스커트나 가슴이 좀 패인 옷은 부정적으로 본다. 여성뿐만 아니라 남성들도 남한에서 유행하는 스키니 진과 같이 몸매가 드러나는 옷이나 노출이 심한 의상에 대한 통제도 강화되었다.

옷차림과 예절: 〈인사를 받아주십시오〉

〈인사를 받아 주십시오〉는 텔레비죤극창작단에서 2007년에 제작한 10분 길이의 텔레비전 토막극이다. '때와 장소에 맞는 옷차림으로 예의를 지키자'는 주제로 2011년 9월에 방영되었다.

명길과 영호는 국제경기대회에 나간 친구 순철을 대신하여 순철 아버님의 생일을 축하해주려고 하였다. 명길은 먼저 훈련소로 자신을 찾아온 여자를 만나고 가겠다면서 먼저 나갔다. 훈련이 끝나자 영호는 훈련복을 입고 순철의 집으로 찾아갔다. 순철의 아버지는 국제대회에 출전한 아들을 대신하여 찾아온 영호를 반갑게 맞이해주었다.

영호가 순철의 아버지와 함께 생일식사를 막 하려고 할 때였다. 누군가 찾아왔다. 문을 열었더니 명길이 말끔한 양복차림으로 문 앞에 서 있었다. 명길도 순철 아버지의 생일을 축하해주러 온 것이었다. 사실 훈련소로 찾아온 것은 명길의 양복을 갖고 온 여동생이었는데, 애인이 데이트하러 온 것으로 오해하였던 것이었다.

명길은 '아무리 가깝고 편한 사이라고 해도 때와 장소에 맞는 옷차림을 해야 한다'고 하였다. 그제서야 영호는 자신의 옷차림이 격에 맞지 않는다는 것을 알았다. 염길은 영호가 훈련복차림으로 간 것을 알고는 영호의 옷까지 챙겨온 것이었다. 영호와 명길은 깨끗하게 양복을 입고 다시 인사를 올리고 즐겁게 생일을 축하해주었다.

'단정'과 '다양'의 모순을 파고드는 미감(美感)의 욕망

북한에서는 옷차림과 몸단장을 '사람들의 사상정신 상태와 문화생활 수준의 반영'이라고 규정하면서, 때와 장소에 맞는 옷차림을 강조한다.

대체로 북한에서 권장하는 복식은 단정함과 간결함, 실용적이면서 기능성을 갖춘 것이다. '깨끗하고 단정한 옷차림'을 기본으로 하면서 '다양한 옷차림'을 통해 미감을 나타내야 한다고 강조한다. 옷차림에 사회적 의미를 부여한 것이다. 1990년대부터는 민족성이 결합되었다. 사회주의적 미감에 더하여, 조선옷을 통해 '민족의 고유한 특성'을 보여주자고 하였다. 구체적으로 어떤 옷차림을 해야 하는지는 교양방송이나 옷 전시회, '따라 배우기 운동' 등을 통해 인민에게 제시한다. 남한 주민들은 유행에 민감하면서

도 꼭 같은 옷을 입고 싶어 하지 않지만 북한에서는 같은 옷을 입는 것을 선호한다.

북한 당국에서 제시하는 옷차림은 시대의 미감에도 맞으면서도 인민의 요구가 잘 반영되었다고 주장한다. 하지만 이러한 의복정책이 인민의 생활 전반에까지 영향을 미치는 것은 아닌 모양이다. 정해진 규격에 따라 짧고 단정하게 머리를 손질하려는 주민들의 발길도 끊이지 않지만 실제 생활에는 정책이 미치지 못하는 곳에서 개성을 드러내는 옷차림이 많아지는 모양이다.

남조선풍으로 불리는 옷차림도 많아졌다. 남한 드라마에서 유행한 패션이 그리 긴 시간을 지나지 않아서 유행할 정도라고 한다. 아무리 '사람들이 자주의식을 마비시키고 사회악을 만들어 내는 생활양식'이라고 규정해도 감각적인 세련미는 어쩔 수 없는 모양이다.

공공재산을 아끼는 시민의식

: 〈일요일에 있은 일〉

〈일요일에 있은 일〉은 공공재산을 내 것처럼 아끼고 소중하게 관리하자는 주제의 드라마이다. 공공재산에 대한 도덕의식은 사회주의 도덕교양 사업으로 강조한다. 김정은 시대에는 '사회주의 문명국' 건설을 위한 시민의식 문제로 부각되고 있다. '사회주의 문명국' 건설은 평양시를 '주체조선의 수도, 선군문화의 중심지답게 더욱 웅장하고 풍치수려한 도시'로 만든다는 것이다. 나아가 모든 도·시·군에서 거리와 마을, 조국산천을 사회주의 선경으로 꾸리고, 인민들을 위한 '현대적인 문화후생시설과 공원, 유원지'를 더 많이 세워서, 인민들이 새 시대의 문명한 생활을 누리도록 하는 것으로 구체화되었다. '사회주의 문명국 건설'을 위해서는 공공재산에 대한 시민의식의 성숙이 반드시 동반되어야 할 덕목을 강조한다.

사회공동재산을 소중하게

〈일요일에 있은 일〉은 조선2·8예술영화촬영소 월비산 창작단에서 1988년에 제작한 20분 길이의 예술영화이다. '사회공동재산을 아끼고 소중하게 다루자'는 주제로 2011 년 9월에 방영되었다.

태준이 공중전화 박스 안에서 장난치는 아이들을 불러 훈계하고 있었다. "사회공공자산인 공중전화를 아껴야 한 다"면서 아이들을 타이르는 태준을 본 공중전화관리원 향 순은 태준에 대해 좋은 인상을 갖는다.

하지만 태준은 말과 행동이 달랐다. 조카가 사이다가 먹고 싶다고 하자 벤치에다 사이다 뚜껑을 따면서 벤치를 손상시켰다. 공원관리원이 와서 "여러 사람이 사용하는 공공시설을 함부로 해서 되겠느냐"고 혼을 내자 황급히

자리를 피하였다.

태준이 공중전화부스에 서 전화를 할 때였다. 태준 은 전화기를 함부로 사용 하였다. 공중전화를 붙들 고 계속해서 사적인 전화

를 하였고, 전화번호부책을 찢어서 메모를 하고, 공중전화 부스에 낙서도 하고, 담배꽁초도 마구 버렸다. 태준의 이런 행동을 본 공원관리원은 '공중전화를 이렇게 함부로 사용하다 고장이 나서 응급한 상황이 생기면 어떻게 되겠느냐'면서 태준을 크게 나무랐다. 하지만 태준은 '내가 다시 이 공중전화를 쓰겠느냐'면서 대수롭지 않게 생각하였다. 공원관리원은 태준에게 공중전화에 쓴 낙서도 지우고, 담배꽁초도 치우고 정리하게 하였다.

태준이 투덜거리면서 공중전화를 정리하고 있을 때였다. 공중전화관리원 향순이 공중전화를 점검하려 왔다가 태준이 공중전화를 치우고 있는 것을 보았다. 향순은 마땅히 자신이 해야 할 일인데, 태준이 좋은 마음으로 공중전화를 고치려는 것으로 알고 호감을 가졌다. 이때 공원관리원이 나타났다. 공원관리원이 보이자 태준은 자기가 공중

전화를 망쳤다는 사실을 향순이 알까 걱정이 되었다. 태준은 가지고 간 먹거리 보따리를 챙길 경황도 없이 황급히 자리를 피하였다.

공원관리원은 태준이 음료수랑 음식보따리를 나두고 간 것을 보고는 태준에게 돌려주려고 태준을 불렀다. 하지만 태준은 공원관리원이 책임을 따지는 것으로 알고 조카를 데리고 급하게 자리를 피하였다. 도둑이 제발이 저린 것이었다.

공원관리원은 태준이 남긴 음료수를 주려고 태준을 부르면서 쫓아왔다. 태준은 공원관리원이 계속 따라오자 피하고 싶었다. 이리저리 다니던 태준은 공원에 있는 보트를 보았다. 보트를 타고 피하려고 표를 끊었다. 하지만 태준의 조카는 나이가 어려서 보트를 탈 수 없었다.

보호자가 있으니 보트를 탈 수 있도록 해 달라고 요청

했지만 관리원은 보호자가 있어도 너무 어려서 위험하다면서 허락하지 않았다. 어쩔 수 없이 태준은 보트장 한 켠에 보트들이 묶여져 있는 것을 보고는 그곳으로 갔다. 규정을 어기고 보트장 한 켠에 세워둔 보트에 올라서는 조카를 태우려고 하였다. 보트를 탈 수 없는 곳에서 조카를 무리하게 태우려다 그만 조카가 물에 빠지게 되었다. 주위에 사람들이 몰려들어 다행히 조카는 구출하였다. 조카가 의식을 잃은 것을 본 태준은 급하게 공중전화로 가서 응급차를 부르려고 하였다. 하지만 공중전화는 태준이 함부로 다루어서 고장을 내서 쓸 수가 없었다.

향순이 와서야 응급차를 부를 수 있었다. 응급차가 오고, 조카도 무사히 깨어날 수 있었다. 주변 사람들은 공중전화를 제대로 관리하지 않아 긴급한 순간에 공중전화를 사용할 수 없었다면서 향순에게 책임을 물었다. 이 상황을

지켜보고 있던 공원관리원은 태준에게 책임이 있다는 것을 밝혔다.

한편 태준의 소식을 들은 태준의 누이는 엉망이 된 태준의 모습을 보면서 '오늘 선보기로 한 처녀 앞에서 이런 모습이 무엇이냐'고 하였다. 사실 태준의 누이는 태준에게 향순을 소개시켜 주려고 했었는데, 단단히 망신당한 것이다. 태준은 이번 일을 계기로 사회공동재산을 소중하게 다룰 것을 다짐하였다.

유희장 건설과 공중도덕, 시민의식

북한에서는 사회주의 도덕 교양을 강조한다. 공동체사회를 강조하는 북한에서 집단주의와 공공의식은 곧 사회적 도덕의 척도로 인식한다. 공중시설물에 대한 사랑은 최근 들어 북한이 강조하는 사회주의 문명국 건설과도 연관된다.

김정은 체제 출범 이후 가장 많은 변화를 보인 분야는 인민 생활 분야이다. 특히 공원과 유희장이 새롭게 세워지거나 개보수되면서 휴식시설이 대폭 확충되었다. 대성산유희장, 개선청년공원유희장, 문수유희장 등이 유희장으로 주목 받고 있다. '유희장 정치'라는 말이 생길 정도이다. 새로 생겨난 문화시설로는 평양시 인민극장, 릉라인민유원지, 개선청년공원유희장, 릉라곱등어관, 류경원, 인민야외빙상장 등이 있다. 평양 주변에 유희장이 늘어나면서 유희장을 찾는 평양 주민의 모습을 어렵지 않게 찾을 수 있게 되었다.

김정은 체제 이후 본격화된 문화시설 건설사업은 평양에 이어 북한 전국의 주요 지역으로 확대해 나가고 있다. 평양에 이어서 개성시에 물놀이장을 건설하고, 함흥에서도 성천강 주변에 물놀이장을 건설하는 등 전국적으로 문화시설 건설에 나서고 있다. 평안북도 신의주시, 동림군, 향산군, 태천군 등에 새롭게 유희오락시설과 휴식 장소가 만들어졌고, 압록강유원지와 동림폭포지구 등을 문화휴

릉라유희장의 북한 주민들

식터로 개건하는 사업을 진행하였다.

 '사회주의 문명국' 건설은 평양시를 '주체조선의 수도, 선군문화의 중심지답게 더욱 웅장하고 풍치수려한 도시'로 만든다는 것이다. 나아가 모든 도·시·군에서 거리와 마을, 조국산천을 사회주의 선경으로 꾸리고, 인민들을 위한 '현대적인 문화후생시설과 공원, 유원지'를 더 많이 세워서, 인민들이 새 시대의 문명한 생활을 누리도록 하는 것으로 구체화되었다. '평양시를 비롯하여 전국에 현대적이고 종합적인 문화정서생활기지'와 '공원, 유원지를 대대적으로 건설'하고, '낙후한 시설을 개건하면서 인민들을 위한 공간'으로 보여주면서 김정은의 치적을 과시해 나가고 있는 것이다.

새롭게 새워진 평양의 대중 유희 시설

아름다운 우리말 품격 있게
사용하자

: 〈버릇 탓인가〉, 〈과장이 된 후에〉

〈버릇 탓인가〉와 〈과장이 된 후에〉는 언어생활과 관련한 주제의
드라마이다. 〈버릇 탓인가〉는 외래어를 남발하는 습관 때문에 발생
한 사건을 소재로 우리말 사용을 강조한 토막극이다. 〈과장이 된
후에〉는 직원들에게 '우리 아이'라고 부르는 잘못된 언어습관 때문
에 생긴 문제를 다룬 토막극이다. 북한도 국제 교류가 활발해지고,
정보산업기술이 발전하면서 외래어 사용이 불가피하다는 것을 인정
한다. 하지만 외래어를 남발하는 것은 바람직하지 않은 현상으로
규정하면서 무분별한 외래어 사용을 피해야 한다고 지적한다.
〈버릇 탓인가〉와 〈과장이 된 후에〉는 잘못된 언어습관을 바로잡아야
한다는 것을 교양하기 위해 만든 교양물이다.

과장님의 잘못된 외래어 습관: 〈버릇 탓인가?〉

〈버릇 탓인가?〉는 2011년 9월에 방영된 20분 길이의 교양물로 외래어를 함부로 사용하지 말자는 주제의 교양방송물이다.

연구소 자재과장과 소장이 출근길에서 만나서 도시에 대해 이야기하고 있었다. 소장은 자재과장과 이야기하면서 자재과장이 외래어를 남발한다는 것을 알고는 '아름다운 우리말을 사용하는 것이 좋다'고 충고하였다.

소장의 충고에도 불구하고 자재과장의 버릇은 고쳐지지 않았다. 직장에서 외래어를 함부로 사용하였다. 자재과장은 직원들의 실내화가 변변치 않을 것을 보고는 자매구매를 담당하는 부서에 전화를 걸어서는 실내화를 구해오도록 지시하였다. 그런데 자재과장은 '방안신(실내화)'라고 해도

될 것을 '쓰레빠'라고 하였다. 오전 중으로 '쓰레빠'를 210개 구매하도록 하였다. 그리고는 운송담당 직원에게 전화를 걸어서는 '쓰레빠'를 구매해서 오면서 '로

타리'에서 자기 부인을 만나고 오라고 부탁도 하였다.

하지만 전화를 받은 직원은 자재과장의 말을 제대로 이해하지 못하였다. 직원은 '쓰레빠'를 '쓰레박'으로 알아들었다. 뒤늦게 직원이 자신의 말을 잘못 알아들었다는 것을 알게 된 자재과장은 급하게 구매담당 직원을 찾았다. '방안신' 대신에 '쓰레박'을 구입하는 것을 막기 위해서 찾았지만 구매담당 직원은 '쓰레박'을 구매하러 가고 찾을 수 없었다.

한편 '로타리'에서 부인과 만나기로 한 약속도 지킬 수 없었다. 부인에게 로터리에서 만나자고 했는데, '로타리'라는 말을 몰랐던 부인은 '놀이터'에서 기다렸다. 부인은 놀이터에서 기다리고 있었고, 자재과 직원은 로터리에서 찾았으니 만날 수 없었던 것은 당연하였다. 한바탕 소동이 있은 다음에야 자재과장은 아름다운 우리말을 사용할 것을 다짐하였다.

과장님의 이상한 언어습관: 〈과장이 된 후에〉

〈과장이 된 후에〉는 텔레비죤극창작단에서 제작한 10분 길이의 텔레비전 토막극으로 올바른 언어생활을 하자는 것이 주제이다.

새로 자재과장이 된 주인공은 직장원들에게 친근한 이미지를 주기 위해서 부원들에게 '야', '여보', '아이'라는 말을 사용하였다. 과장은 직원들과 친하게 지내고자 부르는 호칭이었지만 직원들은 별로 좋아하지 않았다.

자재과에 영실이라는 직원이 새로 왔다. 과장이 새로 온 영실에게 자재과 업무에 관해 이야기를 나누고 있을 때 회의시간이 되었다고 연락이 왔다. 자재과장은 급히 회의하러 가면서 영실에게 "우리 아이들에게 역 앞으로 나가 달라"고 전화로 알려줄 것을 부탁하였다. 자재과장은

평소 습관대로 직원들을 '우리 아이들'이라고 한 것이었다. 하지만 영실은 과장의 언어습관을 몰랐다. 그래서 자재과장 집으로 전화를 걸어서 '역 앞'으로

오라는 말을 전했다. 자재과장의 부인은 전화를 받고는 시어른이 오셔서 역으로 마중 가라는 것으로 알고 아이들과 함께 역으로 나갔다.

한편 그 시간 기차역에는 한 사람이 자재과 직원을 기다리고 있었다. 자재과장에게 자재를 전달하려고 약속하였는데, 자재과장이나 직원이 나오지 않아서 기다리고 있었던 것이었다. 이 사실도 모르고 회의를 마치고 사무실로 돌아온 자재과정은 깜짝 놀랐다. 직원들이 역으로 나가지 않고, 탁구를 치고 있었다.

자재과장은 당황해 하면서 서둘러 자재과 직원들과 함께 역으로 달려갔다. 하지만 기차는 이미 떠났고, 자재를 받을 수는 없었다. 화가 난 과장은 영실을 혼냈다. 하지만 이 모든 일이 자신의 언어 습관으로 인해 일어난 소동이라는 것을 알고는 자신의 잘못을 인정하고는 앞으로는 올바른 언어를 사용할 것을 다짐하였다.

우리말을 사용하는 것은 사회주의 도덕의 기본

〈버릇 탓인가?〉는 우리말을 아끼고 사랑하자는 주제의 청소년 영화이고, 〈과장이 된 후에〉는 모두 올바른 언어 생활을 주제로 한 방송물이다. 언어를 올바로 사용하는 것은 사회주의 도덕 교양의 기본적인 문제로 인식한다. 언어 생활은 곧 그 사람의 인격을 반영한다고 보기 때문에 언어 예절을 강조하는 것이다.

외래어 사용에 대한 북한의 입장은 보수적이다. 언어를 민족의 상징이라고 보기 때문이다. 문화어를 제정한 이후 말다듬기 사업을 통해서 우리말 사용을 강조한 것도 민족의 순수성을 지킨다는 명분이었다. 하지만 2000년 이후 언어정책에서 차이가 생겼다.

북한에서도 외래어 사용이 늘어나고, 불가피한 상황으로 인정하고 있다. 국가 사이에 교류가 활발해지고, 정보산업기술이 발전하면서 외래어 사용이 불가피하다는 것을

인정한다. 하지만 외래어를 남발하는 것은 바람직하지 않은 현상으로 규정하면서 무분별한 외래어 사용을 피해야 한다고 지적한다.

신세대 결혼 풍습과 전통

: 〈축하합니다〉, 〈손주며느리 오는 날〉

북한의 결혼식 문화도 예전하고 많이 달라졌다. 조촐하게 집이나 회관 같은 곳에서 결혼식을 올리던 것에서 유명식당에서 결혼식을 올리는 경우가 많아졌다. 가세를 드러내기 위해 고급 승용차를 타고 결혼식장까지 가는 경우가 많아졌다. 〈축하합니다〉는 이런 화려한 결혼식보다는 조촐하고 실속 있는 결혼식을 하자는 주제의 영화이다. 〈손주며느리 오는 날〉은 "과학기술과 사회가 아무리 변하고 발전했다고 해도 우리가 먹는 물, 공기, 땅이 변하지 않은 것처럼 우리 민족의 풍습을 변하지 않아야 한다"는 주제의 교양물이다.

신세대 결혼풍습: 〈축하합니다〉

〈축하합니다〉는 텔레비죤극창작단에서 창작한 13분 분량의 텔레비전 토막극으로 2009년 1월에 조선중앙텔레비죤에 방영되었다. 허례허식을 버리고 우리식의 결혼문화를 만들어 나가자는 주제이다.

북한에서도 시대가 변화면서 여러 가지 문화도 달라졌다. 결혼식 문화도 예전하고 많이 달라졌다. 조촐하게 집이나 회관 같은 곳에서 결혼식을 올리던 것에서 유명식당에서 결혼식을 올리는 경우가 많아졌다. 경제 상황이 나아지면서 다른 사람들을 의식하면서 결혼식도 화려해졌다. 고급 승용차를 타고 결혼식장까지 가는 경우가 많아졌다. 〈축하합니다〉는 이런 화려한 결혼식보다는 조촐하고 실속 있는 결혼식을 하자는 내용이다.

결혼식을 앞두고 신랑과 신부 쪽에는 신랑, 신부가 타고 갈 승용차를 준비하였다. 하지만 결혼식날 신랑과 신부는 '우리식의 결혼'을 하겠다면서 결혼식장까지 대중교통을 이용해서 가겠다고 선언한다. 양가 친척들은 자신의 가문을 어떻게 보겠느냐면서 극구 말렸다.

하지만 신랑과 신부는 생각이 확고했다. 신랑과 신부는

결혼 예복을 입고 대중교통을 이용하여 결혼식장으로 향하였다. 신랑과 신부는 다른 사람들의 눈에 금방 띄었고, 많은 사람들이 버스 안에서 신랑과 신부의 결혼을 축하해 주었다. 뿐만 아니라 방송국에서 취재 나온 사람들의 눈에 띄어서 인터뷰까지 하게 되었다.

북한의 결혼식 풍경, 〈도시처녀 시집와요〉 중에서

결혼풍습 하나에도 민족성을 잃지 말아야 한다: 〈손주며느리 오는 날〉

〈손주며느리 오는 날〉은 2006년 텔레비죤극창작단에서 제작한 텔레비전 토막극으로 2008년 11월에 방영되었다. 손주 며느리 결혼식 사전을 보면서 일어난 해프닝을 통해서 '과학기술이 아무리 발전하더라도 우리 민족의 풍습은 변하지 않는 만큼 잘 지켜야 한다'는 민족제일주의 주제를 담은 방송물이다.

사랑하는 손자 영훈의 결혼식 사진이 도착하였다. 결혼식 사진을 보면서 기뻐하는 할아버지와 달리 할머니 얼굴에는 근심이 가득하였다. 왜 그런지 의아해 하는 할아버지는 할머니에게 영문을 물었다. 할머니는 결혼식 사진에는

손주며느리가 흰장갑을 끼고 있었다.

할머니는 직감적으로 손주며느리의 손이 의수(義手)라는 것을 알았다. 그렇지 않고서는 삼복의 더운 날에 장갑을 끼고 사진을 찍을 이유가 없었기 때문이었다. 그제서야 할아버지도 손주며느리가 손이 불편하다는 것을 알게 되었다.

한편 영훈과 새색시가 온다는 소식에 집안 식구들이 모였다. 식구들은 갓 결혼한 영훈을 위한 선물을 준비했다. 하지만 정성스럽게 준비한 무쇠밥가마(무쇠밥솥), 양은바께스(양은양동이), 짧은 희색 블라우스 등 가족들이 준비한 선물은 할아버지와 할머니에게 퇴짜를 맞았다.

가족들은 며느리가 까다로워서 퇴짜를 놓는 줄 알았다. 하지만 영훈의 결혼사진을 본 식구들도 모두 새댁이 의수라는 것을 알게 되었다. 식구들은 새댁을 위해 새로운 선물을 준비하기로　약속하였다. 그리고 인사를 오는 새댁이 어려워하지 않고, 불편해하지 않도록 조심하자고 하였다.

마침내 영훈과 새신부가 도착하였다. 식구들은

손이 불편한 새신부를 위해서 여러 가지로 배려하였다. 신발도 벗겨주고, 과일도 껍질을 까서 내어 놓았고, 영훈에게 먹여주라고 하였다. 영훈이 먹여주려고 하자 새신부는 부끄러워하였다. 그런 새신부를 본 할머니는 손주며느리의 손을 잡아주면서 다정하게 어루만져 주었다. 그때 할머니는 깜짝 놀랐다. 의수로 알고 있던 손이 진짜였던 것이었다. 알고 보니 결혼사진 속의 손은 결혼식 풍습으로 찍었던 것이었다. 영훈은 가족들에게 결혼식 때 장갑을 끼는 것은 결혼예식에 으레 있는 일이라고 하였다.

하지만 할아버지는 그런 영훈을 크게 나무랐다. 언제 조선 사람이 결혼할 때 치마저고리를 입고 장갑을 끼었느냐고 꾸짖었다. "과학기술과 사회가 아무리 변하고 발전했다고 해도 우리가 먹는 물, 공기, 땅이 변하지 않은 것처럼 우리 민족의 풍습을 변하지 않아야 한다"고 충고하였

다. 할아버지의 충고를 받은 영훈은 비로소 자신이 무엇을 잘못했는지를 깨닫고, 반성하였다.

북한의 결혼식 풍경

남북을 통틀어 결혼은 인륜지대사의 하나이다. 사랑하는 사람과 결혼에서 가장 큰 문제는 군 복무이다. 북한에서는 남자들의 군 복무 기간이 길어 이성교제를 할 수 있는 시간이 부족하기 때문이다. 능력 있는 남자들은 군복무하는 기간 동안 연애하다가 제대할 때 고향으로 함께 돌아가는 경우도 제법 있다고 한다. 하지만 아무래도 군 복무 기간에는 연애가 쉽지 않다.

예전에는 일가친척이나 회사의 간부, 당원들이 중매를 해주는 중매결혼이 많았지만 최근에는 연애결혼도 많아졌다. 대학생의 경우에는 원칙적으로 연애가 금지되어 있다. 연애를 하다 잘못하면 퇴학을 당할 수도 있다. 그러나 실제는 남의 눈에 걸리지 않게 몰래 '도둑연애'도 많이 한다. 요즘에는 중학생들도 연애를 많이 하고, 거리에서 손도 잡고 가거나, 스킨십을 나누는 장면도 볼 수 있다고 한다.

사회마다 사회적으로 선망받는 직업이 있다. 북한의 경

우에는 이상적인 배우자 상으로는 출신 성분을 우선적으로 꼽는다. 사회주의 국가에서 당원은 여러 가지로 검증받았다는 징표가 되기 때문에 당원들이 인기가 높았다. 최근에 와서는 경제적인 능력도 상당히 중요하게 평가되고 있다. 경제난 등으로 인해 생활이 어려워지면서 경제능력이 결혼의 중요한 조건이 되고 있다.

양가 부모님들의 허락이 떨어지면 궁합을 보기도 한다. 북한에서 사주와 궁합은 '사회주의 생활 방식'에 맞지 않는다는 이유로 금지되어 있지만 민간에서는 몰래 궁합을 본다고 한다. 북한에는 결혼식장이나 웨딩홀이 따로 없기 때문에 결혼식은 주로 신랑집이나 신부집 또는 직장이나 문화회관을 비롯한 대중시설에서 진행한다. 여유가 있는

북한 영화의 키스씬, '민족과 운명', 〈노동계급편〉

계층에서는 평양 시내 경흥관, 문수식당, 청류관에서도 결혼식을 올리기도 한다. 특히 경흥관은 한 해 천 건 정도의 결혼식이 열리는 명소이다.

결혼식은 주로 일요일을 비롯하여 공휴일에 치러지며, 대부분 전통혼례식으로 치러진다. 결혼식에서는 특별히 주례가 없고, 주례가 사회를 겸하여 친구나 직장상사가 맡아서 결혼식을 진행한다. 방식은 전통혼례를 따르지만 복식은 달라져 신부의 경우에는 전통한복을 착용하지만 신랑은 양복으로 대신하며, 신랑신부 맞절 등의 절차는 없다. 결혼식장에서 신랑과 신부의 새 출발을 축하하는 의미에서 하객들이 신랑·신부에게 꽃가루를 뿌려주는 것이 일반적인 풍습이 되었다.

결혼식에 꽃가루를 뿌려주는 장면

집단주의와 동원의 일상

: 〈꼬마 세대주〉, 〈우리 인민반장〉

〈꼬마 세대주〉와 〈우리 인민반장〉은 공동의 일상생활을 배경으로 한 드라마이다. 공동생활을 하면서 공동의 문제를 동원과 참여로 풀어 나가자는 것을 주제로 한다. 북한에서 대중 동원은 가장 일반적인 현상의 하나이다. 대중 동원은 일상적으로 일어나는 일상의 영역이라고 할 수 있다. 법적으로 여가활동이 보장되어 있지만 추가적으로 노력 동원과 회의, 학습 등으로 보내는 시간이 많다. 북한에서 대중 동원 활동은 집단성을 키워 나가는 한편으로 대중의 자원을 최대한 활용하여 경제선전을 이루기 위한 차원에서 활용된다.

아버지 대신 세대주 동원에 나선 꼬마: 〈꼬마 세대주〉

〈꼬마 세대주〉는 마을 사람들이 공동으로 진행하는 공동사업에 적극적으로 참여하자는 주제를 담은 방송물이다. 평양연극영화대학 청소년영화창작단에서 제작한 15분 길이의 예술영화이다. 영화라고는 하지만 러닝타임 15분으로 토막극에 가깝다. 실제로 2013년 9월에 조선중앙텔레비전을 통해 방영되었다.

마을에서 거리 가꾸기 운동이 한참이다. 집집마다 사람들이 나와서 마을 가꾸기에 참여한다. 하지만 8층 8호 세대주는 동원에 소극적이다. 동원이 시작되면 늘 자녀들을 억지로 내보낸다. 이웃들은 그런 세대주에게 '누가 세대주냐'고 비판하지만 여유만만이다. '아이들이 세대주인 자기

를 쉬게 하려고 자발적으로 나가겠다고 해서 어쩔 수 없다'고 변명한다.

다시 공동사업을 위한 동원이 발동되었다. 8층 8호 세대주는 이 날도 나가기가 싫었다. 그래서 아들 인남을 대신 내보내고 쉬고 있었다. 이웃들은 어린 인남에게 일을 시키기가 곤란했다. 그래서 인남에게는 강변에 앉아서 공부나 하라고 하였다. 이웃사람들 덕분에 인남은 일하는 대신 강변에 앉아서 쉬게 되었다. 강변에 앉아서 놀던 인남이는 그만 실수로 신발 한 짝을 강물에 빠트렸다.

얼마 후였다. 인민반장 아주머니가 강변에 왔다가 인남이는 보이지 않고, 신발 한 짝만 떠 있는 것을 보았다. 인민반장은 인남이가 강물에 빠졌다는 것으로 알고는 급히 8층 8호 세대주에게 이 사실을 알렸다. 놀란 세대주는 강변으로 달려갔다. 신발 한 짝만 떠 있는 것을 본 세대주는 강물

로 뛰어들어서 애타게 인남을 찾았지만 보이지 않았다.

인남을 찾는 소동은 인남이가 집안으로 돌아올 때까지 계속되었다. 자신을 찾는 줄도 모르고 다른 곳에서 한참 놀다가 강변으로 돌아왔다. 인남이로 인해 일어났던 해프닝은 인남이가 돌아오면서 일단락되었다. 인남의 아버지는 이번 일을 계기로 세대주 동원에 적극적으로 참여하게 되었다.

일상화된 대중 동원의 사회

북한에서 대중 동원은 가장 일반적인 현상의 하나이다. 대중 동원은 일상적으로 일어나는 일상의 영역이라고 할 수 있다. 법적으로 여가활동이 보장되어 있지만 추가적으로 노력 동원과 회의, 학습 등으로 보내는 시간이 많다. 북한에서 대중 동원 활동은 집단성을 키워나가는 한편으로 대중의 자원을 최대한 활용하여 경제선전을 이루기 위한 차원에서 활용된다.

북한 주민 전체가 참여하는 '3대혁명붉은기 쟁취 운동'을 비롯하여, '70일 전투', '90일 전투' 등의 공식 동원이 있는가 하면, 공동생활을 하는 아파트 주민들이 공동생활에 필요한 일을 하기 위한 동원도 있다.

학교에서도 노력 동원에 참가해야 하고, 직장에서 경제 동원에 참여해야 한다. 대학생의 경우에는 엄격한 숙사 생활을 하며, 3개월 정도의 노력 동원에 참가하고 6개월간의 군사교육을 이수해야 한다. 인민들의 대중 동원을 격려하기 위한 활동도 다양하다. 예술선전대는 북한 주민을 대상으로 노력 동원을 증진하기 위한 활동을 목적으로 운영된다.

대중 동원은 경제활동에만 국한되는 것이 아니다. 연인원 10만 명이 참여하는 대집단체조와 예술공연 〈아리랑〉 같은 작품은 대중 동원 없이는 불가능한 작품이다. 이러한 대중 동원을 통해 집단주의를 자연스럽게 몸에 익히게 된다. 하지만 영상물에서도 나타나듯이 대중 동원에 대한 주민의 자발적 참여도가 항상 높은 것은 아니다. 때로는 인간적 관계를 이용하거나 경제력을 이용해서 대중 동

원에 빠지기도 한다. 북한의 경제란이 악화되면서 조직적 통제도 약화되었고, 조직보다는 개인을 먼저 생각하는 풍조도 많이 생겨났다.

성실한 인민반장과 뺀질이 친구의 공동체 생활: 〈우리 인민반장〉

〈우리 인민반장〉은 평양연극영화대학 청소년영화창작단조선예술영화촬영소 대홍단창작단에서 제작한 예술영화로 모범적인 인민반을 꾸려나가는 인민반장 순영의 이야기이다.

열심히 출근하는 아침길, 인민반장 순영은 아파트를 회칠할 재료들을 수레에 싣고 온다. 순영이 반장으로 있는 같은 반에 순옥이라는 동창이 있었다. 순옥은 같은 반에 있는 이순 엄마와 사이가 좋지 않았다. 이순 엄마는 자신의 딸 이순과 철삼이 서로 좋아하는 사이였는데도 순옥 때문에 딸의 혼사가 깨어졌다고 불만을 품고 있었다.

인민반원들이 모여서 아파트 벽에 회칠을 할 때였다. 회칠을 못한 철이네 벽까지 회칠을 하자고 하였지만 이순 엄마는 "바쁘지 않은 사람이 어디 있느냐"며 순옥네 벽에 회칠을 하지 않고 그대로 두었다. 아파트 벽에 회칠을 하고 있는데, 아이들이 공을 차다가 유리창을 깼다. 순영은 아이들이 마땅히 쉴 곳이 없다는 것을 보고 남편에게 아파트 앞에 놀이터를 만들어 보자는 이야기를 한다. 순영은 퇴근하는 남편을 기다렸다가 본격적으로 놀이터 이야기를 꺼내면서 본격적으로 놀이터 만들 계획을 세웠다.

순옥은 일요일 아침 인민반 모임을 갖고 수매사업을 잘한 사람에게 상품을 나누어 주는데, 분희 할머니에게는 출가할 딸이 있다는 이유로 밥솥을 주었다. 동네사람들이 다 모인 자리에서 놀이터를 만들자는 이야기를 꺼내고, 동네사람들도 기꺼이 나선다. 인민반 모임에서 순옥은 바쁘다는 핑계로 동네사람들이 하는 모임에 참석하지 않으려 하였다.

순옥과 분희 할머니는 청소 문제로 싸운 지 얼마 지나지 않았을 때였다. 인민반 평가에서 받은 선물을 나누어 주었는데, 분희 할머니에게 밥솥이 주어졌다. 인민반 사람들은 동네사람들이 "미운 놈 떡 하나 더 준다"면서 수군거렸다. 화

가 난 분희 할머니는 순옥에게 받았던 밥솥을 돌려주었다.

순영은 마침내 반장을 못하겠다고 포기하려고 하지만 사람들의 마음속에 들어가 잘 다스려 보라고 하는 격려의 말을 듣고 다시 반장을 하려고 한다. 순영은 분희 할머니의 딸 이순으로부터 분희 할머니와 철이 엄마(순옥)의 사이가 벌어진 이야기를 듣는다. 철이 엄마가 인민반 생활에 잘 참석하지 않아 비판한 적이 있었는데, 이 일로 두 사람이 사이가 멀어지게 되었던 것이다. 그러던 중 이순이와 철삼의 혼사 문제가 제기되었고, 혼사가 오고 가던 중 6촌뻘 되는 상대 남자의 어머니에게 순옥이 '성격이 괴팍하다'며, 그 어머니에 그 딸'이라는 이야기를 하여 결국 혼사가 깨어지게 되었던 것이었다.

순영은 이순의 혼사 이야기를 듣고 철삼을 찾아가 지난 일을 설득한다. 철삼이 이순을 사랑하고 있음을 알게 된

다. 그러나 철삼은 자기의 어머니를 설득하지 못한다고 하자 철삼에게 이순의 어머니가 그렇지 않다고 설득한다. 분희 할머니는 반장이 자기 딸 이순을 위해 철삼을 만나

러 갔다는 말을 듣고 반장에게 자신의 잘못을 뉘우치게 된다.

인민반원들을 중심으로 놀이터를 꾸리는 일이 본격적으로 추진되고 인민반은 활기차게 돌아가기 시작했다. 순옥은 동네에서 벌어지는 일들을 '돌이 엄마'로부터 들었다. 돌이 엄마는 뛰어난 바느질 솜씨를 가지고 있었지만 입이 싸서 '돌이 엄마'라는 별명이 붙어 있었다. 어느 날 돌이 엄마는 순옥에게 '분희 할머니가 순옥을 비판한다'고 고자질을 했다. 이 일로 순옥과 분희 할머니가 싸우게 되었다. 한편 돌이 엄마는 반장이 자기 때문에 인민반이 단결이 안 된다고 하는 말을 듣고 집을 떠나려 하였다.

반장은 돌이 엄마가 아이들 때문에 직장을 다니지 못하는 것을 알고는 아파트 내에다 가내 공장을 꾸리기로 하였다. 그리고는 자기의 재봉틀을 돌이 엄마에게 주고 가내 공장 책임자 일을 맡겼다. 가내 공장은 잘 돌아가고 철삼도 이순이네 집을 찾아온다.

한편 순옥은 동네 사람들의 태도가 달라지고, 인민반 활동 실적 그래프

에서 자기가 가장 낮은 것으로 나오자 술과 담배를 들고 순영을 찾아 간다. 동창생으로 눈 감아 달라고 부탁하려다가 도리어 순영의 충고를 받았다. 화가 난 순옥은 놀이터며, 재봉틀을 내놓은 것이 다 표창받자고 하는 일이 아니냐고 핀잔을 주었다. 순옥의 이야기를 듣고 고민하던 순영에게 동사무장이 찾아 왔다. 사무장은 문제 가정을 찾아내서 제재를 가할 것이라며 문제 가정을 말하라고 이야기한다. 그러나 순영은 문제 있는 가정이 없다고 말한다. 문제 없는 가정이 없는 것은 아니지만 그렇다고 내버려 두는 것이 무슨 반장이냐며 사무장을 설득하였다. 사무장은 인민반의 중요성을 이야기한다.

인민반 회의가 열리고 인민반의 활동에 대한 이야기가 나오고 인민반 활동에 잘 참가하지 않으려는 순옥과 동네 사람들 사이에서 갈등이 생긴다. 인민반 회의에서 놀이터 완성을 위해 일요일날 총동원하여 끝내기로 한다. 그러나 순옥은 동원에 나가기 싫었다. 순옥은 회사 동료들과 일요일날 유원지를 가기로 약속을 정했다.

일요일이 되어 동네사람들은 놀이터 완성을 위해서 공동 작업을 하고 있었다. 하지만 순옥은 시어머니 병문안 간다는 핑계를 대고는 유원지로 놀러나갔다. 인민반원 중한 사람이 놀이터에 나무가 없다고 하면서 유원지에 가서 자기가 키운 나무를 가지고 오겠다고 하였다. 나무를 가지러 유원지에 왔던 사람들은 순옥 부부가 유원지에서 놀고 있는 모습을 보았다. 순옥이네 부부는 인민반원의 비판을 받고는 인민반 생활에 관심이 없고 활동하지 않은 것을 반성하였다. 분희 할머니는 순옥을 찾아가 인민반 생활을 잘하라고 충고하고 순옥도 자신의 잘못을 뉘우쳤다.

이순이와 철삼이 결혼식이 있던 날 이순은 반장에게 감사의 술을 올리고 반장은 축하의 말을 전하고 인민반의 활기찬 아침 풍경 속에 이야기는 끝난다.

요람에서 무덤까지 이어지는 조직생활

북한에서는 집단적 생활이 생활화되어 있다. 그러다 보니 함께 해야 하는 일들이 많다. 정책적으로도 당에서 제시한 목표를 달성하기 위해서 전사회적인 노력 동원을 실시한다. 이런 저런 이유로 사회 동원은 익숙한 일상이 되었다.

당에서 제시한 목표를 달성하기 위해 다양한 동원체제를 활용하고 있지만 모든 주민이 자발적이고, 능동적으로 참여하지는 않는 모양이다. 〈꼬마 세대주〉는 바로 이런 면을 지적하고, 공동의 이익을 위해서 공동사업에 적극적으로 참여할 것을 강조하는 방송물이다.

〈우리 인민반장〉은 성실한 인민반 생활을 강조하는 주제의 방송물이다. 북한에서 조직생활은 출생부터 죽을 때까지 이루어진다. 인민반은 생활 단위에게 가장 기초가 되는 조직이다. 인민반은 20~40가구로 이루어진다. 인민반은 공동거주 생활을 기반으로 하는 기초 단위 조직이기에 공통의 생활을 중심으로 이루어진다. 아파트의 경우 70세대가 살아도 1개 인민반으로 편성되기도 한다. 인민반 가운데 직장에 나가지 않은 당원들이 있으면 이들은 세포를 만들어 당 조직생활을 해야 한다.

인민반 세포를 구성하는 당원들은 많지 않지만 정년퇴직하고 연로보장을 신청한 나이든 당원이거나 가두여성 (전업주부) 가운데서 입당한 여성이 있으면 이들이 세포를 만들어 당 조직생활을 한다. 세포는 가장 기초적인 당 조직으로서 노동당원 30~50명을 단위로 구성하고 세포비서의 지도 아래 철저한 조직생활로 일관한다.

대집단체조와 예술공연 〈아리랑〉,
집단의식을 자연스럽게 배우게 된다.

직장과 사회생활의 에티켓

: 〈그 동무가 온 후〉, 〈례절 없는 청년〉

〈그 동무가 온 후〉와 〈례절 없는 청년〉은 사회주의 도덕기풍을 강조한 드라마이다. 도덕과 예의를 갖추고 직장과 사회생활을 하자는 것을 강조한다. 북한에서 가장 이상적인 인간상은 공산주의적 도덕형 인간이다. 청년들에게도 전통적인 미풍양속의 중요성을 잘 알려서 아름다운 사회를 만들어야 한다는 것을 강조한다. 청년들을 대상으로 미풍양속을 살리고, 아름다운 전통을 장려하기 위한 해설, 담화 등의 교양 사업을 진행한다. 미풍양속에는 우리 민족의 고유한 생활기풍이 다 반영되어 있으므로 우수한 민족적 전통과 풍속을 알려주기 위하여 미풍양속의 우수성을 알리고 장려하고자 한다.

싸가지 없는 동료와의 직장 생활: 〈그 동무가 온 후〉

〈그 동무가 온 후〉는 조선예술영화촬영소 대홍단창작단에서 1989년에 제작한 20분짜리 예술영화로 2012년 11월에 조선중앙텔레비죤을 통해 방영되었다. 조직생활에서는 서로가 예의를 잘 지켜야 한다는 것을 주제로 집단에서 지켜야 할 도리와 의무를 강조하면서 사회주의 도덕 기풍을 바로 세우기 위한 목적으로 창작된 영화이다.

통계 관련 업무를 보고 있는 계획과는 언제나 조용하였다. 과장과 혜숙, 영선, 복실은 복잡하고 예민한 통계 업무를 하기 때문에 서로에게 피해가 가지 않도록 최대한 조심하였다. 서로에 대한 예의를 지키면서 계획과는 언제나 조용하고 화기애애하였다.

조용하기만 하던 계획과에 새로운 직원이 왔다. 문철이

라는 직원이 새로 발령을 받아 오면서 계획과가 갑자기 시끄러워졌다. 문철은 조용한 사무실에 아무렇게나 코를 풀고, 의자를 끌면서 다른 사람의

신경을 거슬려 놓았다. 계획과 과장은 문철을 불러서 조용히 주의를 주었다. 하지만 이후로도 문철의 행동은 크게 달라지지 않았다.

점심시간이 되었다. 직원들은 각자가 준비한 도시락을 꺼내 놓고 함께 먹기 시작하였다. 문철은 상대방을 생각하지 않고 맛있는 반찬을 골라서 먹었다. 동료들은 눈살을 찌푸렸지만 문철의 눈치 없는 행동은 계속되었다. 문철로 인해 사무실 분위기는 점점 예민해졌다. 직원들도 신경질적으로 변했다. 부국장이 사무실을 방문하였을 때였다. 계획과 직원들은 '문철과 같이 일을 못하겠다'면서 정식으로 항의하였다. 문철은 직원들이 자신을 비판하는 것을 듣고 나서야 자신이 무엇을 잘못했는지를 알게 되었다. 문철은 자신의 잘못을 인정하면서 조심스럽게 행동하면서 새롭게 직장 생활을 잘 하게 되었다.

개념 없는 젊은이: 〈례절 없는 청년〉

〈례절 없는 청년〉는 '서로에게 예절을 잘 지켜서 서로에게 아름다운 사회가 될 수 있도록 하자'는 주제로 15분 길이의 방송물이다. 2012년 10월에 조선중앙텔레비죤을 통해 방영되었다.

영달은 다른 사람의 입장을 생각하지 않고 함부로 대하는 예절이 없는 남자였다. 아내와 함께 병원에 계신 어머니에게 면회를 가려고 준비하고 있었다. 영달은 부인을 부를 때는 '야!'라고 하였다. 주변 사람들은 이런 영달을 보면서 눈살을 찌푸렸다. 하지만 영달은 개의치 않고 다른 사람이 눈치를 주어도 함부로 하였다. 뿐만 아니라 버스 안에서 어르신이 서 있어도 자리를 양보하지 않았다. 버스

에서 내릴 때에도 조심스럽게 내리지 않고, 다른 사람을 밀쳐내면서 거칠게 내려서 버스 안에 있던 다른 사람들이 불편해 하였다.

공공장소에서도 눈치가 없었다. 병원에서도 영달의 행동은 계속되었다. 사람들이 대화하고 있는 사이로 함부로 지나가고, 병실에 들어갈 때는 노크도 하지 않았다. 병원에서 소꿉친구가 과장이라는 것을 알고는 병원 관계자들이 있는 자리에서도 막말을 하였고, 코를 잡아당기면서 함부로 대하였다. 결국에는 크게 망신을 당하고 나서야 비로소 자신의 행동이 다른 사람에게 피해를 주는 잘못된 행동이었다는 것을 뉘우치게 되었다.

오락도 예의를 지키면서: 〈흥취 끝에〉

〈흥취 끝에〉는 장기를 잘 두는 청년이 장기를 잘 둔다고 어르신들이 게임하는 중간에 끼어들어서 다른 사람의 흥취까지 망친다는 내용의 텔레비전 토막극이다. 텔레비죤창작단에서 제작한 11분 길이의 토막극으로 2012년 1월에 조선중앙텔레비죤을 통해서 방영되었다.

경철이라는 청년은 장기를 잘 두었다. 경철에게는 영미라는 애인이 있었는데, 언제나 장기 실력을 뽐내곤 하였다. 영미는 자기의 큰아버지도 장기 명수라면서 경철과 만나면 매우 기뻐할 것이라고 하였다. 경철도 영미의 큰아버지를 만나기를 기대하였다. 경철과 영미가 영미의 큰아버지 댁을 방문하기로 약속하였다.

약속한 날이 되었다. 경철은 영미와 공원에서 만나기로 하였다. 영미를 기다리던 경철은 공원에서 어르신들이 장기를 두고 있는 것을 보았다. 호기심에 장기를 구경하게 된 경철은 그만 어르신들의 장기판에 훈수를 들면서 끼어들었다. 경철이 도가 넘게 장기판에 끼어들면서 장기판의 흥이 깨지고 어르신들도 흩어졌다.

어르신들이 떠난 후에 어르신 한 분이 경철에게 장기 한 판을 제안하였다. 경철은 장기 실력을 뽐낼 기회라고 생각하고는 장기를 두게 되었다. 장기를 두던 경철은 그만

장기판에 빠져서 예의 없는 행동을 하게 되었다.

어르신은 경철이 버릇없음을 나무랐다. 장기를 배우기 전에 먼저 예절을 배워야 한다고 꾸짖었다.

경철이 어르신에게 꾸지람을 듣는 사이에 영미가 도착하였다. 영미는 어르신이 바로 큰아버지라면서 인사를 드리라고 하였다. 경철은 당황해 하면서 자신의 철없던 행동을 부끄럽게 생각하고는 크게 반성하였다.

공중도덕과 미풍양속

북한에서 공중도덕은 사회질서 유지 차원에서 강조된다. 특히 고난의 행군 이후 사회질서가 많이 어지러워졌다는 판단 아래 새 세대 교양에 적극 나서고 있다. 각종 방송과 언론 매체를 통해 '공중도덕과 예의범절을 잘 지키지 않은 현상이 많이 나타나고 있다. 특히 청소년 사이에서 더욱 심하게 나타난다'고 하면서 공중도덕 교양을 강조하고 있다.

청소년들의 도덕성 강조로 생활에서 직접 발생하는 구체적인 사례를 예로 들면서 사회주의 교양인으로서 공산

사상교양을 강조하는 북한영화의 한 장면

주의 도덕교양을 강조한다. 북한에서 예를 드는 것은 공공
질서와 관련한 것이다. 예를 들어 '청년들이 버스장에서
줄을 서지 않고, 먼저 타려고 새치기하는 것'이나 '담배꽁
초를 함부로 버리는 것', '노인이 있는 데도 자리에 앉아
조는 시늉을 하면서 자리를 양보하지 않는 것' 등을 지적
하였다. 이러한 행동은 '비(非)도덕적'일 뿐만 아니라 '이런
것은 다 초보적인 공중도덕도 지킬 줄 모르는 문명치 못
한 행동'이며, '대중을 무시하는 무례한 행동'이라고 비판
한다.

젊은이들에게 전통적인 미풍양속의 중요성을 잘 알려
서 아름다운 사회를 만드는 것을 강조한다. 청년들을 대상
으로 미풍양속을 살리고, 아름다운 전통을 장려하기 위한

북한은 어릴 때부터 집단주의 생활교육을 강조한다

해설, 담화 등의 교양 사업을 진행한다. 미풍양속에는 우리 민족의 고상한 생활기풍이 다 반영되어 있으므로 우수한 민족적 전통과 풍속을 알려주기 위하여 미풍양속의 우수성을 알리고 장려하고자 한다.

청소년들에게 공중도덕의식을 강조하는 이유는 공산주의 도덕을 지키는 것이 공동생활의 바른 행동일 뿐만 아니라 사회주의 제도를 지키기 위한 것이기 때문이다. 사회질서와 공중도덕을 지키도록 하는 사업은 '온 사회에 사회주의의 본성적 요구에 맞는 사회문화와 생활기풍을 세우고 우리의 사회주의 제도와 우리 인민이 이룩하여 놓은 귀중한 창조물들을 지키고 빛내기 위한 정치적인 사업'의 하나로 인식한다.

국가에서 배정한
우리의 집을 소중하게
: 〈이것이 우리 집이요〉, 〈우리의 집〉, 〈우리 집 주소〉

〈이것이 우리 집이요〉, 〈우리의 집〉, 〈우리 집 주소〉는 북한의 주택
정책과 관련한 드라마이다. 국가에서 주택을 배정하는 것에 대한
고마움을 알고 잘 관리하자는 내용이다. 북한에서는 원칙적으로
주택 거래가 불법이다. 주택 거래를 포함하여 부동산 거래는 사회주
의 제도를 좀먹는 자본주의의 부정적 영향으로 엄격히 금지하고
있다. 주택은 국가에서 공급한다. 주택은 국가소유로 되어 있어 국가
가 무상으로 장기 임대해주는 방식으로 공급한다. 북한 주민들은
원칙적으로 이용권을 갖는 것이다. 북한의 민법에는 "국가는 살림집
을 지어 그 리용권을 노동자, 농민, 사무원에게 넘겨주며 그것을
법적으로 보호한다"고 규정하고 있다.

집을 잘 가꾸어서 문화생활을 하자:
〈이것이 우리 집이요〉

〈이것이 우리 집이요〉는 나라에서 마련해준 보금자리
인 집을 잘 가꾸어서 가정에서 문화생활을 즐기자는 주제
의 예술영화이다. 19분 길이의 짧은 단편영화로 2011년 9
월에 조선중앙텔레비죤을 통해 방영되었다.

근식의 부인은 반장네 집처럼 집을 아름답게 꾸미고 싶
어서, 집을 어떻게 꾸밀 것인지를 직접 그림으로 그렸던
것이었다. 하지만 근식의 생각은 달랐다. '나라에서 준 집
이 이만하면 되었지 무엇을 더 바라느냐'면서 부인을 나
무랐다.

마침 근식의 동생 성식의 부인이 근식의 집을 찾아왔다.
근식의 제수는 근식 부인이 그린 그림을 보았다. 그리고는

자기 집 단장에 참고하려고
하였다. 동서가 그림을 마
음에 들어 하는 것을 본 근
식의 부인은 근식이 이 그
림을 마음에 들어 하지 않
았다고 말한다. 그러자 근

식의 제수는 근식의 눈이 높아서 마음에 들지 않았다고 생
각하였다. 그리고는 자기 집을 더 잘 꾸릴 계획을 하였다.

　근식이 출장을 가게 되었을 때였다. 근식은 동생이 사
는 집 근처로 출장을 가게 되었다. 출장을 갔던 근식은 동
생의 집에 들렀다. 동생의 집은 여러 가지 물건으로 장식
되어 있었다. 근식은 동생의 집이 못마땅하였다. 근식은
동생에게 집에 너무 많은 장식이 있으면 번잡스럽다면서
정리하라고 하였다. 하지만 동생 성식은 가정을 문화적으
로 꾸리는 것이 왜 잘못이냐고 반대하였다. 당에서 마련해
준 보금자리를 더욱 잘 꾸며 집안에서 문화생활을 하는
것은 아름다운 일이라고 하였다. 성식의 말을 들은 근식은
자신이 잘못된 낡은 생각을 갖고 있다는 것을 반성하고는
자기의 집도 잘 가꾸어야 하겠다고 다짐했다.

국가에서 받은 집을 소중하게: 〈우리 집 주소〉

〈우리 집 주소〉는 조선중앙텔레비죤에서 창작한 38분 길이의 방송물로 광복거리 아파트에 살고 있는 박오남의 가정을 배경으로 박오남의 어머니가 구갑상을 받게 되면서 일어난 해프닝을 그린 영화이다. 국가에서 배중해준 집을 소중하게 생각해서 각 가정의 주소와 성명을 중요하게 생각하고 바로 적어야 한다는 것이 주제이다.

단란한 박오남의 집에서 어머니 윤씨가 구갑상을 받게 되어 식구들이 모여서 모두들 구갑을 축하한다. 윤씨는 옛날 같았으면 생각도 못할 일이라고 말하면서 기뻐한다. 박오남은 화보에 어머니가 구갑상을 받는 사진을 싣기로 하였다면서 사진사인 경수가 오기를 기다리는데, 경수는 시간이 지나도 오지 않는다.

한편 경수는 새로 이사 간 박오남의 집이 어딘지 몰랐다. 직장까지 찾아가서 주소를 물어보지만 집 주소를 아는 사람이 없었다. 경수가 주소를 몰라서 헤매면서 사진 찍는 일이 늦어졌다. 그때 딸의 담임선생님이 집으로 찾아왔다. 박오남의 딸이 학교에 오지 않자 무슨 일이 생기지나 않았는지 걱정이 되어서 담임선생님이 집까지 찾아온 것이었다.

한편 경수는 바쁘게 서로 주소를 주고 받는 과정에서 주소가 없는 빈 쪽지를 잘못 전달하였다는 것을 알았다. 오남의 집을 찾아다녔지만 쉽게 찾을 수 없었다. 경수는 아들 철진이와 함께 집을 나섰다가 거리에 철진이도 잃어버렸다. 철진은 잃어버린 아버지를 찾아 헤매다 안전원에게 발견된다. 안전원은 울고 있는 철진을 달래기 위해서 식료품점으로 데리고 갔다. 그곳에서 다행히 박오남 집의 구갑잔치를 알고 있던 식료품 안내원을 만났다. 식료품점에서는 박오남 어머니가 구갑잔치를 벌인다는 것을 알고 선물을 하려고 하던 참이었다.

박오남의 외삼촌은 누나를 위해서 교예극장 구경표를

구해 놓고는 사진 찍고 가려고 기다리고 있었다. 하지만 아무리 기다려도 사진사가 오지 않자, 역성을 내고는 극장 표를 내놓는다. 식구들은 그냥 집에서 쓰는 사진기로 사진을 찍기로 한다. 사진을 찍을 준비를 하던 식구들은 경수에게 주소가 제대로 전해지지 않았다는 사실을 알게 되었다.

경수는 어렵게 식량공급소 직원을 만나서 오남의 집을 찾아갈 수 있었다. 가족들이 모이고, 잔치가 시작되자 오남의 어머니는 지난날을 회상하면서 기뻐하였다. 지난날에 주소·성명이 무엇인가를 빼앗기 위한 것이었지만 지금은 당의 배려로 집집마다 행복을 나누어주기 위한 것이라고 하며 감격해 하였다. 구갑상이 차려지고 모든 사람들의 축복 속에 구갑잔치가 벌어진다.

집은 공공 소유물, 소중하게 가꾸자: 〈우리의 집〉

〈우리의 집〉은 나라에서 배정해준 집을 소중하게 가꾸자는 주제의 텔레비전 토막극이다. 텔레비죤극창작단에서 제작하고 2008년 12월에 방영된 13분 길이의 단편드라마이다.

    과장은 현식이 부모와 함께 살 계획을 갖고 있다는 것을 알고는 자신에게 양보한 3칸짜리 살림집을 현식에게 양보한다. 현식은 과장 동지의 배려에 감사하면서 3칸짜리 살림집으로 이사를 갔다. 과장은 현식이 살고 있던 2칸짜리 살림집으로 이사를 갔다. 두 사람이 서로의 집을 맞바꾼 것이다.

    짐을 정리한 현식은 과장 동지가 이사를 잘 하였는지 궁금해졌다. 현식은 자신이 살던 집으로 찾아갔다. 현식의 집에서는 한창 공사가 진행되고 있었다. 현식은 과장 동지가 2칸짜리 집을 하찮게 생각하고는 건물관리소와 협의 없이 집을 고치는 것으로 생각하였다. 그리고는 조용히 과장 동지를 돕기 위해 노력하였다.

    하지만 과장은 집이 마음에 들지 않아서 수리를 하려고 한 것이 아니었다. 현식이 살던 집은 원래의 설계와 다르게 개조되었다는 것을 알고는 개조된 집을 원래 설계대로 다시 복구하기 위해서 수리를 하던 중이었다. 현식은 국가에서 내어준 집을 소중하게 다루지 않았다는 지적을 받고 나서 자신이 집을 함부로 하였다는 것을 반성하였다. 현식은 국가에서 내어준 집을 소중하게 다루어야겠다고 다짐하였다.

북한의 주거 정책과 주택난

북한에서는 원칙적으로 주택 거래가 불법이다. 주택 거래를 포함하여 부동산 거래는 사회주의 제도를 좀먹는 자본주의의 부정적 영향으로 엄격히 금지하고 있다. 주택은 국가에서 공급한다. 주택은 국가소유로 되어 있어 국가가 무상으로 장기 임대해주는 방식으로 공급한다. 북한 주민들은 원칙적으로 이용권을 갖는 것이다. 북한의 민법에는 "국가는 살림집을 지어 그 리용권을 노동자, 농민, 사무원에게 넘겨주며 그것을 법적으로 보호한다"고 규정하고 있다.

주택에 대한 개인 소유는 인정하지 않으며 국가 및 협

평양에 건설된 고층 아파트 군

동단체의 소유권만을 인정한다. 주민들은 계층과 직위에 따라서 규격화되어 있는 살림집을 할당받는다. 하지만 최근에는 북한에서도 주택 거래가 편법적으로 일어나고 있다고 한다. 주택건설에 대한 유상투자와 유상판매를 비롯한 주택 거래가 공공연하게 이루어지고 있다고 한다.

경제난 이후에는 일반 주민들이 주택을 배정받기가 어려워지면서 동거인으로 등록한 다음에 세대주 변경 등을 통해서 돈을 주고 집을 거래하는 일이 일어난다고 한다. 2004년 4월 개정된 형법에서도 제149조에 "돈이나 물건을 주거나 받고 국가소유의 살림집을 넘겨주었거나 받았거나 빌려준 자는 2년 이하의 노동단련형에 처한다"는 조항이 있는 것으로 보아 주택 거래가 비밀리에 이루어지고 있다는 것을 짐작할 수 있다.

고난의 행군 이후 경제가 어려워지면서 주택공급이 원활하지 못하게 되면서 주택 문제가 심각해졌다. 북한은 주택 문제를 해결하고자 2008년부터 2012년까지 평양시에 10만 세대의 살림집 건설을 추진하였다. 주택난 해소를 위한 살림집 건설과 함께 아파트 베란다 수지창(샷시) 설치·부엌·화장실 등의 개조 사업을 통해 주거환경을 개선하고 있다.

북한은 평양시에 대규모 살림집을 건설하면서 살림집

내부 공간에 대한 개선도 추진하였다. 인민들에게는 주택을 제공하는 한편으로 국가에서 제공하는 주택을 소중하게 가꾸어야 한다는 내용을 문화를 통해서 강조하는 것이다. 〈우리의 집〉, 〈우리 집 주소〉, 〈이것이 우리 집이요〉는 당에서 공급하는 사회주의 제도를 선전하기 위해 만든 영상물이다.

평양 시내

북한의 설날 풍경

: 〈새해를 축하합니다〉

〈새해를 축하합니다〉는 북한 주민의 일상을 소재로 한 드라마로 북한 주민들의 생활을 엿볼 수 있다. 고층 아파트에 승강기에 근무하는 나이 지긋한 아주머니 안내원이 등장한다. 새해를 앞두고 연날리기하는 주민들과 새해 축하 카드를 주고받는 장면, 광복거리의 생맥주집에서 맥주와 치킨을 마시는 장면도 있다. 연탄을 만드는 주민의 모습, 술병으로 만두피를 만드는 장면에서 북한 주민의 일상이 드러난다.

설날에 맺어진 인연: 〈새해를 축하합니다〉

〈새해를 축하합니다〉는 서찬의 텔레비전 문학(드라마)을 바탕으로 제작된 텔레비전 드라마이다. 철도기관사와 연구소 연구사의 사랑을 통하여 철도운송의 중요성을 강조하는 내용이기는 하지만 상대적으로 주제성이 약한 작품이다.

성철과 지향 두 사람의 오해와 오해를 풀어가는 과정의 이야기가 경쾌하게 진행되는 경희극적인 양상의 작품이라고 할 수 있다. 같은 아파트에 살고 있는 성철과 지향이 새해를 앞두고 엘리베이터에서 조우(遭遇)하면서 이야기가 시작된다.

북한 주민의 일상을 소재로 한 드라마로 북한 주민들의 생활을 엿볼 수 있다. 고층 아파트에 승강기에 근무하는

 나이 지긋한 아주머니 안내원이 등장한다. 또한 새해를 앞두고 연날리기 하는 주민들과 새해 축하 카드를 주고받는 장면, 광복거리의 생맥주집에서 맥주

와 치킨을 마시는 장면도 있다. 겨울철 연탄을 만드는 주
민의 모습, 술병으로 만두피를 만드는 장면 등을 통해 설
날을 앞둔 북한 주민의 일상이 드러난다.

새해 축하엽서로 시작된 인연

설날을 며칠 앞두고 함박눈이 내리는 거리, 새해를 축하하는 사람들의 분주한 발걸음이 이어진다. 길을 가던 성철은 연하장을 들고 가던 여성과 부딪친다. 성철은 연하장을 주워주는데, 한 장을 떨어뜨리고 간다. 성철은 공회전 방지기를 완성하여 견인 중량의 1.5배를 높이려고 고민하고 있었다. 공회전 방지기술은 바로 지향연구사가 연구를 하고 있었는데, 성철은 지향이 누군지를 모르고 있었다.

성철이 속한 전진기관차대에서는 공회전 방지기술이 작동하지 않는다면서 연구소에 전화를 걸어서 항의하지만 연구소에서는 개인적인 관심이 있는 것으로 오해하고 찾아오지만 돌려보낸다. '아무렴 준 박사 처녀가 기관사를 따를까'라면서 돌려보내고, 오히려 성실한 사람 같아 보인다는 지향의 말에 대해 '조심하라고' 당부까지 한다.

한편 아파트 주민들은 서로 간의 관심사에 대해 이야기꽃을 피운다. 승강기가 올라가야 하는데, 승강이 안내원은 성철이 오기를 기다려준다. 승강기 안에서 성철과 지향이 마주하지만 지향은 성철이 자신을 쫓아오는 것으로 오해하고는 자신이 내려야 할 층에서 내리지 않고, 먼저 내려서 걸어 올라간다. 성철은 지향을 찾아갔지만 지향은 연구소로 찾아오라면서 거절하고는 문도 열어 주지 못하게 한다.

성철의 여동생은 지난날 지향과 부딪쳤을 때 떨어뜨렸던 축하카드를 보면서 사귀는 사람이 있느냐고 묻는다. 다음날 아침 아파트 앞에서 지향을 만난 성철은 축하카드를 돌려주려고 하였지만 지향은 성철이 추근거리는 것으로 알고는 그냥 돌아서 버린다.

한편 지향의 연구소에는 지향의 선임연구원은 지향의 특수한 경우에는 효과를 내지 못할 수도 있다면서 현장에 나가서 기관사의 말을 들어 보는 것이 좋겠다고 말한다.

기관사를 찾아간 지향은 그 기관사가 성철이었다는 것을 알게 된다. 성철을 만났으면서도 지향은 여전히 성철이 자기를 끈질기게 쫓아다니는 것으로 생각하고는 연구 문제는 논의도 하지 않고 돌아온다.

자식의 결혼 문제를 서두르던 지향의 부모나 성

철의 부모는 승강기 안에서 성철과 지향을 보고는 각각 마음에 두고서는 승강기 복무원에게 중매를 부탁한다. 지향과 석향이 서로 알고 있다는 것을 모르는 양가 부모는 두 사람을 자연스럽게 만나도록 하기 위하여 거짓말을 한다. 지향의 부모는 지향이 얼굴도 모르는 사촌오빠가 찾아온다면서 마중을 보내 맞아오게 하고, 성철의 부모도 약속을 정한다.

성철은 공회전 방지기술을 직접 시험하고자 열차 운행을 한다. 안전성이 보장된 무사고 기록에 안주하지 않고, 열차를 운행해 보려는 성철의 시험은 실패하고, 열차는 퇴행하고 압축공기가 새는 사고가 발생하고 만다. 성철은 약속하였던 열차 방통을 대지 못한다. 공회전 방지시험에 나섰던 열차의 퇴행사고로 시간에 늦고, 정말 사촌오빠인 줄만 알고 기다리던 지향을 만나지만 여전히 지향은 성철을 오해하고 있었다. 그제서야 성철은 전후 사정을 이해하게 된다.

진정성으로 이어진 사랑

성철이 쫓아다니는 줄 오해하고 있던 지향에게 성철은 동무는 공회전이 되어도 상관없겠느냐고 반문하면서 반드시 공회전 방지기술을 성공시키겠다면서 앞으로 다시는 쫓아다니지 않겠다고 말한다.

비로소 지향은 자신의 설계도에 무슨 문제가 있다는 것을 알게 되었다. 지향은 설계도를 들고 성철을 찾아갔다. 성철은 밤새 공회전 방지기술을 연구한다면서 밤을 새우면서 시험에 몰두하고는 잠깐 잠이 들어 있었다. 성철의 진정한 마음을 이해하게 된 지향은 성철과 함께 공회전 방지기술을 완성하기 위하여 현장에서 함께 노력한다.

설이 되어 명절 행사의 하나로 피겨스케이팅 경기가 열리고, 성철과 지향의 부모는 아들과 딸에게 준 입장권을 보면서 두 사람이 오기를 기다리지만 엉뚱한 사람들이 나타난다. 그 시간 성철과 지향은 늦게까지 시험을 마치고 돌아오는 중이었다. 성철의 진정을 이해하면서 서로의 마음을 열어 간다.

성철의 진정성을 이해하게 된 지향은 철도 현장에 정식으로 파견해 달라고 요청하고, 요청이 받아들여져 지향과 성철은 한 직장으로 출근과 퇴근을 같이하면서 사랑을 키워간다. 성철을 오해한 지향의 아버지는 결혼을 반대하자, 양가의 엄마는 파혼하기로 한다. 두 사람을 결혼시키지 않으려고 한 성철과 지향의 어머니는 두 사람이 서로 좋아하는 줄 모르고, 서로에게 연인이 있다면서 파혼하자고 말한다.

　지향이 성철과 함께 있다는 것을 알게 된 지향의 아버지는 지향이 거짓말을 한다고 말하자, 지향은 성철이 처한 상황을 이야기해주면서 오해를 푼다. 오해하였다는 것을 알게 된 지향의 부모는 이제라도 잘못을 빌고 인연을 맺자고 말한다. 그러나 성철이 사귀는 여자가 지향인 줄 모르는 지향의 부모는 그 청년에게 여자가 있다고 말하고, 지향도 성철에게 다른 여자가 있다고 말한다.

공회전 방지 최종 실험날 시험시간이 되었지만 지향은 나타나지 않고, 성철은 창남과 둘이서 공회전 방지를 시험하러 나선다. 성철의 열차가 출발하고 난 바로 다음에 역에 도착한 지향은 자동차를 타고 지름길로 나가 열차의 실험을 돕는다.

지향은 전자계산소 지휘소에 들렸다 오느라고 늦은 것이었다. 성철은 열차운행을 만류하는 지휘소의 통제도 듣지 않고 열차시험을 강행하고 지향의 도움을 받으면서 어려운 시험 구간을 무사히 통과하고, 그 순간 '새해를 축하한다'는 방송이 나오면서 '수령님의 신년사를 관철하지 못한 사람은 누구도 새해를 축하한다는 말을 할 수 없다'는 내레이션이 나온다. 성공을 축하하는 지향의 무전을 받으면서 성철은 데이트 약속을 한다. 새해가 되고, 아파트 주민들이 모두 모여서 새해를 축하하고, 두 사람은 서로의 사랑을 확인한다.

북한의 설날

북한에서 설은 양력설을 의미한다. 양력설은 북한에서 가장 크게 쇠는 민속명절이다. 사회주의 7대 명절과 함께 8대 명절로 이틀간 공휴일이다. 북한에서 의미 있게 지내는 명절로 양력설에는 쌀과 술, 고기 등의 특별배급이 있다. 가정에서도 만두나 떡 같은 설음식을 만들어 먹는다. 양력설이나 김 부자 생일 때에는 결혼한 자녀들이 가까운 곳에 살고 있는 부모님을 찾아가 인사도 올리고 음식도 나눠 먹는다. 연말이 되면 새해를 축하하는 현장을 보내는 것이 하나의 문화로 자리 잡았다. 북한에서 연하장은 12월 초부터 우체국에서 판매하며 통상 12월 중순부터 1월 말까지 보낸다.

설날풍경을 그린 예술영화, 〈우리의 향기〉

북한에서 설은 양력설인 1월 1일을 의미한다. 1895년까지는 조선에서 음력을 사용하였다. 설을 맞으며 정월 초하룻날에는 새해의 첫 인사로 세배를 올리는 것은 남북이 다르지 않다. 북한에서도 '새해 설날에 웃어른들을 찾아가 세배를 드리고 조상에게 차례를 지내는 풍습이 전통화되어 있다'고 소개하고 있다.

새해를 맞이하면서 웃어른을 찾아 세배를 드리고 덕담을 나누는 풍습은 남북한이 공통으로 유지하고 있는 풍습이지만, 새해를 맞이하여 주고받는 덕담에서는 차이가 난다. 북한에서 새해에 주고받는 덕담 가운데 가장 일반적인 것이 '새해를 축하합니다'는 말이다. 남한에서 많이 쓰이는 '새해 복 많이 받으세요'는 잘 쓰이지 않는다. 또한 '새해 건강하십시오'도 많이 쓰이는 새해 인사법이다. 이외에도 '새해를 축하한다. 부디 행복하거라', '새해에도 몸 건강하시고 사업에서 큰 성과를 이룩하시길 바랍니다', '새해에 동무의 사업과 생활에서 기쁜 일이 많길 바랍니다', '새해를 축하하오. 한번 본때 있게 일해 봅시다', '새해에는 더욱 건강하시기 바랍니다', '새해에는 복 많이 받으시고 오래오래 사십시오' 등의 인사가 오고간다.

설날 아침의 풍경과 예절은 남북이 대동소이하다. 설날 풍습에 대해서는 설날 아침에 온 가족이 새 옷을 갈아입고 자리를 정돈하여 앉은 다음 윗사람부터 순서대로 정중히 절을 하며, 부부와 형제·자매 사이에는 맞절을 한다. 차례를 지낸 설음식으로 아침식사를 한 다음 일가친척과 이웃 어른들을 찾아가 세배를 한다. 세배할 때는 아랫사람이 웃어른에게 절을 하고, 절이 끝나고 나서 인사말을 하면 세배를 받은 사람은 답례인사를 한다. 다만 증조부모, 조부모, 부모, 큰아버지, 작은아버지 등은 답절을 하지 않고 앉아서 세배를 받을 수 있는 어른들이며, 그 외의 어른들은 맞절 또는 반절로 답례한다.

설날 축하 화환이 놓인 그림비

최근 북한 방송이 전한 설 풍경은 예전에 비해 한결 활기차 보인다. 경제 사정이 예전에 비하여 나아졌기 때문으로 보인다. 북한 방송이 전하는 설풍경은 '혁명의 수도'라고 하는 평양을 비롯하여 각 도와 시를 포함하여 북한 전역에서 김일성 주석의 동상에 꽃바구니와 꽃다발, 꽃송이 등을 들고 참배하는 주민들의 모습과 명절을 맞아 꽃과 경축등, 경축판, 선전화로 장식된 거리 풍경이 소개된다.

　　북한의 거의 모든 주민들이 참여하여 축하의 꽃을 바치고, 전국의 거리에는 꽃장식과 함께 '경축', '축하', '주체성', '민족성'이라고 쓴 여러 축등과 경축판, 선전화들이 곳곳에 세워져 설 분위기를 자아낸다. 평양체육관 앞마당이나 개선문광장처럼 광장이 있는 곳에서는 연날리기, 제기차기, 줄넘기, 팽이치기 등 민속놀이도 다채롭게 펼쳐진다고 선전하고 있다.

조선중앙TV의 설명절 축하공연

북한 방송에서 중계한 윷놀이 경기

동물원의 동물 재주가
탄생하게 된 사연
: 〈어서 오세요〉

〈어서 오세요〉는 동물원 사육사를 주인공으로 인민문화생활 향상을 위해 노력하고 있다는 것을 보여주는 드라마이다. 인민을 위한 다양한 문화생활 기지를 꾸리고 있다는 것을 선전하고자 하였다. 김정은 체제에서도 릉라유희장을 비롯하여 수영장, 스키장을 건설하면서 인민문화생활을 강조하고 있다. 옛날이나 지금이나 문화시설은 인민을 위한 당의 배려를 보여주는 정책수단으로 활용되고 있음을 보여준다.

동물 관리원의 일상: 〈어서오세요〉

〈어서오세요〉는 조선중앙텔레비죤에서 2001년에 제작한 60분 분량의 드라마로 중앙동물원에서 벌어지는 생활을 통해 동물 사랑을 주제로 한 2부작 드라마이다.

은아는 동물원에서 동물관리원으로 일하면서 사양공학교를 다니고 있었다. 은아는 동물원에서 동물원의 꽃으로 불렸다. 딸만 여섯을 둔 은아의 아버지는 막내딸인 은아가 연구사로 일하기를 기대했다. 하지만 아버지의 기대와 달리 은아는 동물원으로 직장이 배치되었다는 통보를 받는다. 은아의 아버지는 직장장에게 따졌다. 연구학연구소로 보내는 일이 다 되었는데, 은아를 어떻게 동물원으로 배치시킬 수 있느냐고 따졌다. 동물원 직장장은 은아가 동물원

으로 배치하게 된 것은 은아가 원해서 한 일이라고 대답한다.

아버지는 그날 저녁 가족회의를 소집했다. 딸과 사위들은 은아 아버지에게 '동물원을 그만 두라'

고 말해 보라고 권한다. 하지만 아버지는 망설였다. 예전에
도 한 번 동물원을 그만 두라고 하였다가 집으로 들어오지
않았다면서 아이디어를 물었다. '맹수 관리를 하게 하면
어떻겠느냐'는 의견이 나왔다. 은아가 맹수를 다루게 되면,
그 소리에 질려서 동물원을 그만 두게 될 것이라는 것이었
다. 은아의 아버지는 괜찮은 아이디어라고 생각한다.

한편 이런 사정도 모르고 은아와 은아 친구 명애는 '동
물원을 떠나지 않겠다'면서 직장장에게 맹수사로 보내달
라고 요청하였다. 은아와 명애는 맹수들에게 율동을 가르
쳐 재주를 부르게 할 계획이었다. 은아와 명애가 맹수사로
보내달라고 요청한 사연도 모르고, 은아의 아버지도 은아
를 맹수사로 보내달라고 부탁하였다. 마침내 은아와 명애
는 맹수사로 가게 되었다.

동물을 인민의 곁으로

은아와 명애는 요청해서 맹수사로 갔지만 쉽게 동물들
과 친해지지 못했다. 어느 날 두 사람은 어떤 어린이가 동
물원으로 가기 싫다면서 떼쓰는 장면을 목격하였다. 아이
는 동물원에는 여러 다양한 동물들이 있지만 재미가 없다

고 하면서 회전열차를 타러 가자고 졸랐다. 호랑이는 하루 종일 누워 있었고, 앵무새는 벙어리처럼 말도 못한다는 것이었다. 은아와 명애는 동물원에 가기 싫다고 떼쓰는 아이를 보면서 반드시 동물 재주를 성공시키겠다는 결심을 한다.

동물에게 재주를 가르쳐 주려는 두 사람의 계획이 조금씩 성과를 보이면서, 동물과 마음도 통하게 되었다. 은아는 대성이라는 침팬지를 훈련시키고 있었는데, 대성은 먹을 때만 말을 잘 듣고는 훈련을 집중하지 않았다. 은아는 동물들을 훈련시키기 어려운 것이 어릴 때부터 친숙하게 지내지 않았기 때문이라고 생각하였다. 은아는 직장장에게 새끼동물을 위한 포육실을 만들어 달라고 부탁하였다. 하지만 직장장은 어려운 일이라고 난감해하였다.

한편 출장 갔다가 집으로 돌아온 은아의 아버지는 부인

을 찾았다. 그러자 앵무새가 부인 대신 대답을 하였다. 은아의 아버지는 앵무새를 부인으로 알았다가 앵무새라는 것을 알고는 화를 냈다. 은아의 아버지는 다섯째 사위에게 은아를 찾아가서 상황을 살펴보고, 기회를 봐서 그만두게 하라고 시켰다. 다섯째 사위는 완구 공장 도안사인데, 직업상 은아에게 접근하기도 쉽기 때문에, 다섯째 사위에게 부탁한 것이었다. 다섯째 사위는 동물원에 가서 도안을 그리는 척하면서 은아를 살폈다. 하지만 은아를 설득하지 못하고, 도리어 호랑이 사육사와 개 사육실에서 도안을 그리다가 혼쭐만 나고 돌아왔다.

동물원은 동물을 관리하는 곳인가?
인민들에게 즐거움을 주는 곳인가?

은아는 동물원 사람들을 모아 놓고는 동물 재주를 부리려는 자신의 계획을 공개하고 모두의 협조를 부탁하였다. 동물원 사람들도 은아의 계획에 모두 대찬성하였다. 은아가 조련하는 침팬지 대성이도 조금씩 말귀를 알아듣기 시작하였다.

은아 아버지는 다섯째 사위에게 다시 은아를 찾아가서 그만두도록 설득하라고 시켰다. 장인의 명을 받은 다섯째 사위는 동물원에 갔다가 은아에게 발각되었고, 동물들을 조련시키는 관리공들을 보면서 도리어 은아의 부탁을 받고 그림만 그려주고 돌아왔다. 다섯째 사위는 동물원에서 동물들의 행동을 관찰하면서 얻은 아이디어로 새로운 완구를 개발하였다.

한편 동물원 직장장은 은아의 계획에 반대하였다. 동물원은 극장이 아니라 국가의 재부인 동물을 잘 보살피고 관상용으로 유지 관리하는 것이 핵심이라는 것이었다. 직장장은 동물 훈련을 금지하였다. 직장장이 동물 훈련을 금지시키면서, 은아가 제기한 동물 재주 문제에 대한 토의가 벌어졌다. 토의에서는 동물들의 특성을 잘 연구하여 재주를 부리게 하는 것이 가능하다는 결론이 났다. 은아의 계획대로 동물 재주 프로젝트는 계속할 수 있게 되었다.

동물원 프로젝트는 사랑으로

은아의 훈련을 받은 대성은 마침내 재주를 부릴 수 있는 수준에 이르렀다. 아기동물을 위한 사육실도 성공적으로 잘 돌아가게 되었다. 동물 재주가 완성되면서 동물원 사양공들이 모여서 재주를 선보일 날을 손꼽아 기다렸다.

한편 다섯째 사위가 은아를 도와준다는 것을 알게 된 은아 아버지는 다시 첫째 사위에게 은아의 일을 부탁하였다. 은아 아버지는 첫째 사위가 피아노 연주를 하는 것을 보고는 꾀를 냈다. 은아 아버지가 생각한 아이디어는 피아노를 연주해서 동물들이 음악에 반응해서 소란을 피우도록 한다는 것이었다.

한편 직장장의 아들인 만삼은 곰 사육을 담당하였다. 곰에게 재주를 가르치다 실패하고 앵무새 사육사로 쫓겨

나다시피 자리를 옮겼다. 은아와 동물원 사양공들은 만삼이 다시 곰 사육을 담당할 수 있게 해달라고 요청했다. 요청이 받아들여져서 만삼은 다시 곰에게 재주를 가르치게 되었다. 하지만 오래 가지 못했다. 만삼은 채찍으로 곰을 가르쳤다. 곰에게 불판 위에서 춤추게 하려다가 곰을 다치게 하는 사고를 내고는 다시 앵무사 사육사로 쫓겨났다. 만삼은 '동물들이 어떻게 사랑을 알겠느냐'고 하면서 '혹독한 시련 없이 어떻게 훈련을 시킬 수 있겠느냐'고 불만을 터트렸다. 하지만 은아는 '진정한 사랑으로 가르쳐야 한다'고 하였다.

동물 훈련이 진행되던 어느 날 호랑이가 쓰러졌다. 직장장은 불같이 화를 냈다. '동물들이 춤을 추지 못하는 것은 흉보는 일'이 아니지만 '동물들이 쓰러진 것은 있을 수 없는 일'이라고 하면서 '당장 훈련을 중단하라'고 지시하였다.

한편 은아 아버지는 은아가 곧 동물원을 그만두게 될 것이라고 생각하면서, 자신의 생일상을 준비한다. 생일상에는 은아가 좋아하는 순대를 만들 선지를 냉장고에 넣어 두

고는 음식을 장만하러 나갔다. 그 사이에 집에 온 은아는 냉장고에 있는 선지를 보고는 선지를 들고, 동물원으로 달려가 쓰러진 호랑이에게 먹였다.

쓰러졌던 호랑이는 은아가 준 선지를 먹고 깨어나 힘차게 포효하였다. 호랑이가 깨어난 것을 본 직장장도 은아가 진정으로 동물을 사랑한다는 것을 이해하게 되었다. 직장장은 다시 동물 훈련을 허락하였다. 직장장의 허락으로 동물 훈련이 다시 시작되었다. 다시 곰 사육을 맡게 된 만삼은 이전과 다르게 사랑으로 곰을 대하게 되었다. 드디어 동물 재주가 완성되었다.

동물 재주가 성공하자 직장장은 은아 아버지를 찾아와서 사위들이 대단하다고 칭찬하였다. 은아의 아버지는 은아가 동물원을 그만두게 하려고 첫째 사위에게 동물들을 자극시킬 초음파 음악을 작곡해 주라고 부탁했었는데, 첫

째 사위가 작곡한 노래를 듣기만 하면 동물들이 빙빙 춤을 추며 돌아간다는 것이었다. 은아를 방해하려던 아버지의 계획이 도리어 은아에게 큰 도움이 된 것이다. 시민 공연을

앞두고, 텔레비전에서는 동물원을 소개하는 방송이 나왔다. 방송을 보면서 은아 아버지도 동물원에 대한 편견을 버리고 새로운 생각을 갖게 되었다.

동물원에서 시민 공연이 열리는 날이 되었다. 모든 가족들이 함께 동물원을 찾아갔다. 동물원에서는 동물 공연이 시작되고, 관객들도 즐거워하였다. 은아 아버지도 동물 공연을 성공적으로 완성한 은아를 자랑스러워하였다. 동물원으로 찾아온 관객들은 온갖 동물들이 모여 있는 동물원의 구석구석을 돌아보면서 흥겨워하였다.

중앙동물원과 동물교예

드라마 〈어서 오세요〉는 중앙동물원과 평양교예단의 후원으로 제작되었다. 중앙동물원은 대성산성 서쪽 기슭에 있는 북한 최대의 동물원이다. 대성산은 평양 도심에서 북동쪽으로 약 6km 떨어진 곳에 위치한 고구려시대 외성(外城)인 대성산성이 있었던 곳이다.

대성산의 높이는 270m이며 소문봉, 을지봉, 장수봉, 북장대, 국사봉, 주작봉 등 산봉우리들이 있다. 옛날에는 구룡산 또는 요양산이라고 불렀다. 대성산은 고구려가 평양으로 도읍을 정한 이후 산성을 쌓고 왕궁인 안학궁을 세 웠던 곳으로 역사유적이 많이 남아 있는 곳이다. 대성산에 는 북한 최대의 유희장(놀이공원)인 대성산유희장을 비롯 하여 중앙동물원과 중앙식물원이 있어서, 평양을 비롯하 여 북한 주민들이 가장 많이 찾는 명소의 하나이다.

평양중앙동물원은 1959년 4월 30일 '평양동물원'로 출 발하였고, 이듬해인 1960년 4월 28일 공식 개원하였다. 방 목장과 동물사, 동물놀이장 등으로 꾸며져 있으며, 한국산 호랑이와 팬더곰을 비롯하여 6백여 종 6천여 마리의 동물 들이 있다. 평양중앙동물원에서 인기 있는 곳은 선물동물 관과 애완견사육장이다.

선물동물관에는 해외에서 선물로 받은 100여 종 1,500 여 마리의 동물들이 있으며, 애완견사육장에는 마르티스, 푸들, 요크셔테리어 등 15종에 수십여 마리의 애완용 개

가 있다. 애완견사육장은 애완견을 사육하면서, 애완견의
공연도 보여준다. 김일성 주석이 기르던 애완견도 있다고
한다. 김일성 주석도 상당한 애견가로 알려져 있다.

1998년 5월호 『천리마』에는 애완견에 얽힌 김일성의 일
화가 소개되어 있다. 잡지에 따르면 "수령님께서는 개들
도 사람을 믿고 사는 짐승으로 천대해서는 안 된다고 하
시면서 개들이 먹이를 먹을 때는 욕하지 말아야 한다고
말씀하셨다"고 소개하기도 하였다.

동물교예는 동물을 이용한 교예(서커스)를 말한다. 사람
이 말 위에 올라서 재주를 부리는 것을 비롯하여, 동물들
이 재주를 넘거나 줄을 타거나 수학 문제를 맞추거나 경
기를 벌이는 내용으로 구성된 교예를 의미한다. 평양교예
단의 대표 교예 종목의 하나이다.

평양 시내를 누비는 버스
기사의 일상과 대동강맥주집

: 〈사랑의 거리〉

〈사랑의 거리〉는 평양 시내를 운행하는 버스 기사를 소재로 한 드라마이다. 북한의 교통사업은 수준이 그리 높지 않다. 북한은 '외국에 의존하지 않고 자체로 생산하여 쓰겠다'는 방침을 세우고 부품 국산화를 진행하고 있지만 성과는 미미하다. 승용차보다는 화물차 생산을 주로 하면서, 1980년대 이후에는 '자주호'(10톤급), '건설호'(25톤) 등을 생산하는 등 승용차를 생산하고 있다. 하지만 기술적인 면에서나 생산효율성 면에서나 자동차산업이 발전하기는 어려운 조건이다. 그런 상황에서 최고지도자가 대중교통 문제를 해결하기 위해 얼마나 고민하고 있으며, 대중교통 종사자들이 최고지도자의 뜻을 받들기 위해 노력하고 있다는 것을 보여주는 드라마이다.

버스 기사의 하루: 〈사랑의 거리〉

〈사랑의 거리〉는 조선예술영화촬영소에서 2003년에 제작한 80분 길이의 예술영화이다. 제대 군인으로 평양시 버스운송사업소에 배치 받아 2층 버스 운전사로 일하는 재혁을 통해 운송사업의 중요성을 강조하는 영화이다.

군복무를 마치고 돌아온 재혁은 수도시민증을 받고는 여객자동차 사업소로 배치받았다. 재혁의 어머니는 오랜 군복무를 하였는데, 버스 운전수가 무엇이냐며 실망하였다. 하지만 재혁은 달랐다. 버스 운전수라는 직업을 자랑스럽게 생각하였다. 재혁은 여객사업소에서 2층 버스 운전사로 배치를 받아, 평양거리를 누비며 '시민의 발'이 되어 주는 버스 운전사를 자랑스럽게 여기며 맡은 바 역할에 대해 최선을 다하려고 노력하였다.

한편 재혁의 아버지와 여객자동차사업소 부기사장은 일찍부터 사돈을 맺기로 약속한 사이였다. 부기사장은 제대 군인들이 보이는 것을 보고는

재혁의 아버지에게 전화를 걸어서 사돈 맺자는 약속을 상기시켰다.

재혁이 버스 운전수로 열심히 일하던 어느 날이었다. 아침 바쁜 출근길에 무거운 짐을 들고 버스를 기다리는 옥금 어머니를 보고는 짐을 실어주었다. 하지만 다음날 다시 옥금 어머니가 무거운 짐을 들고 타려고 기다리는 것을 보고는 그냥 지나쳤다. 옥금 어머니가 짐을 싣고 다니면서 장사를 하는 것으로 오해하였던 것이다.

옥금 어머니와 함께 있던 미선은 재혁에게 사실을 알려주었다. 사실은 옥금 어머니가 영예군인을 원호하기 위해서 물품을 가져가는 것이라는 사실을 알려주었다. 사실을 알게 된 재혁은 마음으로 뉘우쳤다.

밤늦게 버스를 운전하던 재혁은 체육관 앞에서 옥금 어머니를 보았다. 재혁은 버스에서 내려서 정중하게 사과하고는 짐을 받아 차에 태우고는 집까지 바래다주었다. 재혁이 옥금 어머니를 태워주는 것을 보게 된 미선은 재혁이 나쁜 사람이 아니라는 것을 알게 된다. 그리고는 재혁을 다시 보기 시작한다.

버스 기사의 임무와 퇴근 후 마시는 맥주 한 잔

　재혁이 속한 버스운송사업장에서는 매일같이 훈련이 있었다. 위급 상황에 대한 연습을 하면서, 당이 정한 정확한 출발과 정확한 도착을 위한 훈련이 있었다. 당의 정책을 실천하기 위한 훈련을 하면서 시민을 위한 봉사정신을 강조하였지만 모두 재혁 같지 않았다.

　버스 기사인 철민은 친구의 부탁을 받고는 정류장이 아닌 곳에서 차를 세웠다. 재혁이 잘못하였다고 비판을 하자, 철민은 친구의 부탁으로 몇 번 그랬던 것뿐이라며 변명하였다. 하지만 재혁은 '그것은 한 번이라도 자유주의자'라고 비판하면서 다시는 그런 일이 없도록 하였다.

　버스 운행을 마친 어느 날 재혁과 철민은 시원한 맥주 생각이 났고, 맥주를 마시러 대동강맥주집으로 갔다가 미선을 만났다. 미선과 동료 은실이 함께 맥주맛을 점검하러

나왔다가 마주친 것이었다. 미선이 대동강맥주집에서 나간 다음 재혁은 미선이 수첩을 나두고 갔다는 것을 알고는 찾아주기로 하였다.

다음날 재혁과 철민은 미선이 대동강맥주집에서 흘린 수첩을 가지고 대동강맥주 공장으로 찾아갔다. 대동강맥주 공장을 찾아간 재혁은 미선의 소개로 공장 이곳저곳을 돌아보았다. 그리고는 인민들을 위해 맥주를 공급하라는 장군님의 배려를 알게 되고는 감격에 겨워한다.

한편, 재혁이 일하는 여객자동차사업소의 기사장은 미선의 아버지인 덕규였다. 덕규는 운수사업소 지배인인 용범과 사돈을 맺기로 약속했었는데, 아무 연락이 없는 것이 이상했다. 미선의 아버지 덕규는 사업소 지배인에게 아들을 빨리 보게 해달라고 졸랐다. 사실은 용범이 재혁의 아버지였는데, 모르고 졸랐던 것이었다.

용범은 재혁이 자신의 아들이라고 말하지 않았다. 그리고는 그냥 '아들이 제구실하게 될 때 인사시키겠다'면서 미루었다. 두 사람의 아버지가 이런 사이인 줄도 모르고 미선과 재혁은 매일 같이 버스로 오고가면서, 서로에 대한 호감을 키워나갔다.

버스 속에 피어나는 사랑의 인연

어느 날 재혁이 운전하는 2층 버스에 탄 임산부가 갑자기 산통을 느끼자 손님들의 양해를 구하고 급히 산원으로 길을 몰았다. 버스가 급하게 가는 것을 본 경찰차가 쫓아왔고, 경찰의 선도를 받으면서 산원으로 갔다. 버스를 탔던 사람들은 재혁의 행동을 칭찬하면서 예전에는 자전거를 타고 다녔는데, 이제는 이층버스를 타게 되었다면서 이 버스를 타면 모든 일이 잘 된다고 기뻐하였다.

한편 공장 일을 마치고 집으로 돌아가던 미선은 길거리에서 깨어진 유리조각을 줍고 있는 재혁을 보았다. 인민을 위해서 봉사하는 따뜻한 마음을 가진 재혁에게 마음이 끌렸다. 미선과 재혁이 같이 길을 걸어가는 것을 본 부기사장은 재혁이 지배인의 아들인 줄도 모르고 미선이 다른

남자를 만나는 것으로 오해하였다. 집으로 돌아온 부기사장은 딸 미선에게 '너에게 이미 약속한 사람이 있다'면서 재혁과는 사귀지 말라고 하였다.

사업소에서는 오리 공

장 건설 지원에 나선 지원자들을 위한 야간 수송 문제가 제기되었다. 그러자 재혁이 나섰다. 오리 공장 건설 지원자들을 실어주고 돌아오던 재혁은 길에서 미선을 태웠다. 그리고는 미선에게 버스 운전사가 된 사연을 들려주었다. 재혁이 군대에 있을 때 현지 지도를 하고 최고사령관이 버스를 기다리며 떨고 있는 시민들을 걱정하면서, '사랑의 버스'를 보내주었다는 이야기를 듣게 되었다. 이 일로 재혁은 인민의 참된 봉사자로서 일생을 인민을 실어 나르는 일을 하기로 결심하였다는 것이다.

오리 공장 건설을 위한 거듭된 야간 운송으로 재혁은 몸살이 났다. 하지만 재혁은 만류에도 쉬지 않고 맡은 바 임무를 충실히 수행하다 몸살로 지쳐 쓰러졌다. 쓰러진 중에도 갑자기 불어 닥친 찬바람으로 기온이 영하 30도까지 내려가겠다는 보도를 듣고는 버스가 움직일 수 있도록 새벽같

이 나와서 불을 피웠다. 부기사장도 찬바람에 기관이 얼게 될까 걱정이 되어서 일찍 나왔다가 불을 피우는 재혁을 보았다.

다음날 미선이 아버지의 도시락을 가지고 버스 운송사업소로 찾아왔을 때였다. 마침 재혁의 아버지인 용범 지배인도 찾아왔다. 부기사장은 용범이 혼사 문제로 찾아온 줄로 알고 당황해 하였다. 미선이 재혁을 좋아하고, 자기도 재혁의 진심을 알게 된 이후 재혁이 마음에 들었기 때문이었다. 하지만 지배인은 결혼 문제로 온 것이 아니었다. 설날 운송 문제로 찾아온 것이었다.

설날이 되어 명절을 맞이한 시민들을 위한 버스 운송 사업 원활하게 이루어지고 재혁과 미선의 사랑도 깊어 간다. 겨울이 지나가고 봄이 되었다. 지배인을 만난 부기사장은 '미선의 짝으로 점찍어 둔 총각이 있다'고 어렵게 말하였다. 그러자 지배인은 웃으면서 '바로 그 총각이 우리 아들'이라고 밝힌다.

북한의 자동차 산업

북한의 자동차 생산은 초보적인 수준이다. 자동차 산업의 시작은 남북이 비슷했다. 하지만 산업 분야에서 가장 큰 차이를 보이는 분야 가운데 하나가 되었다. 북한의 자동차 산업은 1958년 11월에 덕천자동차 공장에서 구소련제 자동차를 본 딴 2.5통 화물자동차 '승리58호'를 생산하면서 본격적으로 시작하였다.

북한은 '외국에 의존하지 않고 자체로 생산하여 쓰겠다'

북한의 대형버스

는 방침을 세우고 부품 국산화를 진행하고 있다. 승용차보다는 화물차 생산을 주로 하면서, 1980년대 이후에는 '자주호'(10톤급), '건설호'(25톤) 등을 생산하는 등 승용차를 생산하고 있다. 하지만 기술적인 면에서나 생산효율성 면에서나 자동차산업이 발전하기는 어려운 조건이다. 북한의 승용차 대부분은 수입차들이다.

북한의 자동차 공장은 4개로 알려져 있다. 그중에서도 화물차, 승용차, 특장차를 생산하는 승리자동차 공장이 가장 유명하다. 이외에도 버스를 주로 생산하는 평양무한궤도전차 공장, 대형트럭을 주로 생산하는 '3월 30일 공장', 트레일러를 생산하는 '함남연결차 공장', 화물차를 생산하는 '6·4차량종합 공장'이 있다.

우리에게 가장 많이 알려진 자동차회사로는 평화자동차가 있다. 평화자동차는 남북이 공동으로 출자하여(남측 70%, 조선련봉총회사 30%) 운영하는 합영회사이다. 2002년 4월에 연 1만 대 규모의 남포 공장인 남포평화자동차공장을 설립하였다.

2002년 7월부터 이탈리아 피아트사의 '시에로(sielo)'를 모델로 한 승용차 '휘파람'(1,580cc)을 생산하였다. 2003년 9월부터 피아트사의 '도블로(Doblo)'를 모델로 한 가솔린 미니 밴인 '뻐꾸기'(1,600cc), 쌍용자동차의 체어맨인 '준마'

를 비롯해서 미니버스인 삼천리 등 7종을 생산하고 있다. 평화자동차는 최근 북한에서는 드물게 남포 공장을 비롯하여 평양역과 평양대극장 등에 상업용 대형 입간판을 세워 화제가 되기도 하였다.

평화자동차의 대표 자동차 브랜드인 휘파람

평양 맛집, 옥류관 주방장의
레시피는 어떻게 만들어졌나

: 〈옥류풍경〉

〈옥류풍경〉의 배경이 된 곳은 냉면으로 유명한 식당인 옥류관이다.
우리의 경우 국수와 냉면은 분명하게 구분하지만 북한에서는 크게
구분하지 않는다. 일반적으로는 국수로 통칭한다. 냉면도 국수의
일종인데, 조리 방법에 따라서 차갑게 먹으면 냉면, 따뜻하게 먹으면
온면, 비벼서 먹으면 비빔국수로 구분한다. 〈옥류풍경〉은 민족음식
냉면을 소재로 조선민족의 우수성을 과시하면서, 민족문화의 보존
과 개발에 힘쓰고 있다는 것을 보여주기 위해 만든 드라마이다.

처녀 빙상무용수와 옥류관 주방장의 밀당

〈옥류풍경〉은 2001년에 제작된 북한의 드라마이다. 〈옥류풍경〉의 주 무대는 북한이 자랑하는 대표적인 평양냉면 식당인 옥류관이다. 〈옥류풍경〉은 옥류관의 주방장 무한기와 빙상무용수(피겨스케이트 선수)인 류순애의 밀당을 그린 코믹멜로 드라마이다.

영화문학(시나리오)을 쓴 손광수는 코믹드라마로 최고의 인기를 얻었던 〈종달새〉, 〈어서 오세요〉, 〈갈매기〉의 시나리오를 쓴 북한의 대표적인 코믹 작가이다. 코믹한 내용으로 남녀의 밀당 속에 평양냉면을 자랑하는 줄거리이다.

평양냉면에 빠진 처녀 빙상무용수

옥류관 요리사인 무한기와 고고학자인 동생 미래가 아침운동을 하다가 대동강변에서 옥류관을 보았다. 옥류관의 아름다운 건축미와 옥류관을 둘러싼 아름다운 풍경을 보면서 자부심을 느낀다. 상업대학 요리과를 졸업한 옥류관 주방장 무한기는 노총각이었다.

어느 날 세계선수권에서 우수한 성적을 거둔 빙상무용선수들이 옥류관의 냉면 맛을 잊지 못한다고 인터뷰한 기사가 신문에 실렸다. 옥류관 요리사들은 빙상무용수가 노총각인 무한기에게 시집오면 좋을 것이라면서 농담을 하였다. 빙상무용수 중에 류순애라는 처녀가 있었다. 공화국 선수권 보유자이면서 달력 모델로 나올 정도로 인기 높은 빙상무용선수였다.

옥류관 노총각 무한기와 유명빙상무용수 류순애의 인

연은 엉뚱한 곳에서 시작되었다. 어느 날 무한기는 옥류관 앞에서 메밀가루포대를 수레에 싣고 옮기려다 류순애의 삼촌이 운전하던 오토바이와 접촉사고를 낸다. 조카 류순애를 끔찍이 아끼는 삼촌은 류순애에게 주려고 메기 매운탕을 싣고 가던 중이었다. 이 일이 있은 지 얼마 후 무한기는 버스 안에서 우연히 류순애를 만났다. 류순애가 버스에서 내린 자리에는 한 권의 책이 있었다. 무한기는 유순애가 버스가 두고 내린 책을 전해주려고 버스에서 내려서 류순애를 쫓았다. 그때 류순애 삼촌이 나타나서 '처녀의 꽁무니나 쫓아다니지 말라'면서 무한기를 쫓아냈다.

한편 무한기에게는 여동생이 있었는데, 류순애와 학교 동창이었다. 오빠가 무한기가 유순애가 두고 내린 노트와 사진을 보고 있자 핀잔을 준다. '누구는 민족을 빛내기 위하여 노력하는데, 오빠는 국수나 만든다'면서 퉁을 놓았다. 그러자 무한기는 "자기를 무시하는 것은 참을 수 있어

도 평양냉면을 모욕하는 것은 참을 수 없다"면서 "박사를 반드시 따고 평양냉면의 우수성을 알리기 위하여 세계 요리 축전에 반드시 출전하겠다"는 포부를 밝힌다.

이때부터 무한기는 밤낮으로 새로운 메밀국수를 만들어내기 위하여 노력하였다. 하지만 쉽게 해결하지 못하였다.

한편 당에서는 옥류관 요리사들이 평양냉면의 질을 높이기 위하여 새로 내린 과업을 수행하기 위해 노력한다는 것을 알고, 힘을 주는 일을 찾다가 무한기의 결혼을 도와주기로 결정하였다. 옥류관 사람들도 무한기가 류순애를 좋아한다고 생각하면서 두 사람의 인연을 맺어주려고 하였다. 그리하여 빙상무용수들이 나선 노력 동원에 무한기를 파견한다.

건설 현장으로 파견된 무한기는 요리용으로 쓸 삶은 돼지머리를 가지고 가다 류순애가 노래는 부르는 것을 보고 삶은 돼지머리를 바닥에 떨어뜨린다. 무한기가 떨어뜨린 돼지머리를 본 류순애는 기절하고 만다. 하지만 다음날 무한기를 비롯한 옥류관 요리사들이 요리한 냉면으로 잔치가 벌어지고, 류순애는 무한기에게 관심을 보이기 시작한다. 두 사람의 관계는 류순애의 삼촌도 알게 되었다. 류순애의 삼촌은 류순애와 무한기 두 사람이 좋아한다는 것을 알고는 대홍단에 나가 있는 류순애의 아버지에게 사실을 알려야 한다면서 두 사람 사이를 말리려고 나섰다.

사랑은 냉면을 타고

류순애가 무한기에게 관심을 갖고 있다는 것을 알게 된 류순애의 삼촌은 결혼배우자가 될 만한 남자들의 사진을 가지고 와서 보여주었다. 하지만 류순애는 평양냉면의 우수성을 이야기하면서 무한기를 무시하지 말라면서 무한기에 대한 마음을 드러낸다.

무한기는 고령산 고지로 나가서 메밀국수 첨가제를 찾아 나간 사이, 대홍단에 나가 있던 류순애의 아버지는 이야기를 듣고는 류순애의 의견을 존중해 주었다. 그러면서 무한기가 보면 알 것이라면서 메밀분석 노트를 주었다. 류순애 삼촌은 두 사람 사이를 말릴 생각으로 류순애 아버지가 준 메밀첨가제 분석표를 들고 고령산으로 무한기를 찾아갔다. 그런 줄도 모르고 새로운 냉면 개발에만 열중하던 무한기는 분석표를 바탕으로

첨가제 연구를 끝내고 옥류관으로 돌아와 마침내 고기쟁반국수를 완성하였다. 무한기와 류순애 두 사람은 서로에 대한 마음을 확인하면서 사랑을 키워나갔다. 두 사람은 서로 민족을 빛내자고 결의한다.

무한기는 류순애에게 자신이 민족요리를 빛낼 요리사가 되기로 결심한 사연을 들려주었다. 무한기가 해군에서 제대하여 처음 옥류관에 배치되었을 때 옥류관을 들렀던 세계 명사들이 쓴 방문기를 보고는 민족요리의 빛낼 요리가사 되기로 결심하였던 것이었다. 그리하여 상업대학을 통신으로 다니고 요리사가 되었다는 것이다.

국수와 냉면, 그리고 옥류관

〈옥류풍경〉의 배경이 된 곳은 냉면으로 유명한 옥류관이다. 우리의 경우 국수와 냉면은 분명하게 구분하지만 북한에서는 크게 구분하지 않는다. 일반적으로는 국수로 통칭한다. 국수는 '낟알가루를 되게 반죽하여 분틀에 넣고 눌러 얇고 긴 오리로 만들거나 칼로 썰어 끓는 물에 삶아 물에 말거나 꾸미(고명)를 놓아먹는 음식'이다. 냉면도 국수의 일종인데, 조리 방법에 따라서 차갑게 먹으면

냉면, 따뜻하게 먹으면 온면, 비벼서 먹으면 비빔국수로 구분한다.

국수는 재료에 따라 메밀국수, 밀국수, 감분(녹말)국수, 강냉이국수 등으로 구분한다. 국수 요리는 기계로 면발을 뽑아내는 실국수와 손으로 써는 칼국수로 구분하고, 조리 방법에 따라 냉면, 온면, 비빔국수로 나눈다. 국수의 육수는 닭고기, 소고기, 꿩고기를 주로 한다. 지방에 따라서 동치미를 쓰기도 한다. 고명으로는 편육, 오이무침, 볶은 고기가 올라간다.

냉면으로 유명한 지역은 평양과 함흥이다. 평양냉면에는 메밀이 많이 함유되어 있으며 물냉면이 주류이다. 반면 함흥냉면은 함경도에서 많이 나는 감자 전분이나 옥수수, 고구마 전분이 많아 면발이 쫄깃하고, 비빔냉면이 중심이다. 양념장이 맵고 진하여 따뜻한 육수를 곁들여 먹는다.

〈옥류풍경〉의 배경이 된 옥류관은 대동강변에 위치한 북한의 대표적인 음식점이다. 대동강의 아름다운 풍경과 함께 평양 냉면으로 유명하다. 결혼식이 많이 열리는 곳이기도 하며, 평양에 가면 한 번씩 가보아야 하는 명소이다.

무한기와 감자

〈옥류풍경〉에서 무한기는 감자가루를 이용해서 냉면을 만들기 위해 노력한다. 무한기는 왜 감자가루를 이용해서 냉면을 만들려고 했을까? 감자는 고난의 행군 이후 대용식품으로 주목받는 작물이다. 감자는 19세기 우리나라에 들어온 이후 대표적인 구황작물로 식용으로서 뿐만 아니라 다양한 분야에서 널리 이용하고 있다. 북한에서도 자연 재해에 강하면서도 식량으로 대체할 수 있는 감자의 중요성이 부각되기 시작하였다.

감자는 구황작물로 식량을 대용할 수 있을 뿐만 아니라 다양한 요리로 활용할 수 있기 때문이다. 감자로 만든 떡, 빵, 국수는 물론 감자소주인 '대홍단술'도 개발되었다.

또한 산악지형이 많은 북한에서는 지형적으로 재배가 용이한 점이 있다. 〈옥류풍경〉은 이처럼 활용도가 높은 감자 재배를 정책적으로 홍보하기 위한 드라마이다. 〈옥류풍경〉 이외에도 감자의 중요성을 주제로 한 영화, 음악 등도 제작되었다. 2000년에 제작된 〈우리 요리사〉에서는 전국 요리 축전 시상식에서 1등을 한 요리사 박장수가 감자를

대홍단 감자농장

이용한 다양한 요리를 개발한다는 내용이다. 〈가정의 재부〉에서는 주인공 지선희의 아버지가 감자를 하는 연구사로 등장한다. 감자가 유용한 작물이라는 것을 다양한 방법으로 홍보한다.

감자의 중요성을 강조한 〈아리랑〉의 배경대 미술